武術を究める！

和道流空手道

柔術・剣術の理で磨かれた
独創的な空手

和道流・三代宗家
大塚博紀

BAB JAPAN

はじめに

「武道とは何か？」

武道を稽古するということは、時を超越して、その流派の創始者が意図して開発した技の本質を見誤ることなく学び続け、世代を超えて継続させることであろう。

継続させるためには、伝え続けることが重要である。しかし、「武道とは何か？」と問われて、言葉で一定の説明をすることは可能だが、それが本質を穿っていると納得させるのは至難の業である。まして門外漢に対する説明ならば、ことは一層難しい。

言葉による伝承は、時を超えても正しく伝わるのであろうか。ましてや自身の身体内部で起こっているいろいろな現象を言葉で伝え、それを聞いた人がそれ以降の人にも同じ感覚を伝えられるのだろうか。それはまるで伝言ゲームのようであり、最後には全く違う内容として伝わってしまうかもしれない。

初代・大塚博紀宗家（右）と高校時代の著者

また、伝書に記された内容を読み取り、正しく理解し続けることはできるのか。これも紙面に書かれた内容自体は理解できても、その行間にある大事な部分まで読み取るには、読む人の資質に左右されてしまうだろう。

そこで、身をもって体得させる。私の経験では、世代を超えて感覚を伝えるには、これが一番確実な伝承方法だと思う。

我が大塚家は、和道流を継承する家柄として三代続いている。三代の私自身は直接初代から手解きは受けていなくとも、二代を通じて掛けられた技の感触は未だに忘れることはない。これは初代と二代の間においても同じであろう。またその世代に修行した弟子においても同じことである。

しかし、技を掛けられただけでは会得できない部分も必ずある。そこで伝承を読み理解すること、そして前代のもとで修行してきた兄弟子たちの経験を聞くことで、より完成度を高めると思う。

これらは楽団の演奏者たちが、作曲家が意図した曲のイメージや構成、そしてその人が生きた時代背景を分析して、なぜその曲ができ上がったのかを理解した上で演奏することに似ているのではないかと思う。

ただ武術においては、楽譜が存在しない分、どのように動けばどういう結果になるという指針がない。この指針がないところで、筆者が何を伝えようとしているかを皆様に読み取っていただければ、これに勝る喜びはない。

和道流空手道三代宗家　大塚博紀

二代・大塚博紀宗家（右）と著者

CONTENTS

はじめに……2

第1章
沖縄空手と日本柔術の融合 …… 9

偏屈な血筋を受け継いで／空手流派を継承する家柄に
未知の武術「唐手術」に生涯をかけた流祖／二代宗家は事業の成功から空手の道へ
本部道場の完成／ブルース・リーと和道流／純粋な沖縄空手ではないことの表れ
第1回、明治神宮競技大会で公開された組手形／中国語、琉球語、日本語の選択
沖縄空手に敬意を表す／中国武術の影響を受けた日本武術
和道流が試みる武道性とスポーツ性の明確化

第2章
海外から見て空手を理解する …… 57

フランスに飛び立つ／異国の地で潜在能力が開かれる／欧州空手道の草創期／神前への礼
武道の精神性と騎士道精神／フランス空手道連盟の昇段審査で感じたこと
フランス空手、和道流のための特別配慮／空手家ファーストの柔軟で合理的な審査
世界の段位制度

第3章
空手の「突き」を極める　85
「だから、なぜ、どうして」／パンチではない突き／鋭角に突き刺す
突く際の足のスタンス／足のスタンスと突き腕の角度

第4章
「形」の内面を知る　101
伸筋優位の状態を保つ／関節間の伸張／体幹部の捻り

第5章
和道流に伝わる独自技法　113
剣術に通じる突っ込み／「流す、往なす、乗る」の「流す」とは
「流す、往なす、乗る」の「往なす」とは／「流す、往なす、乗る」の「乗る」とは
「転位、転体、転技」の「転位」とは／「転位、転体、転技」の「転体」とは
「転位、転体、転技」の「転技」とは／ロボットにはない身体操作の可能性

第6章 流派極意の形「チントウ」とは

139

和道流を代表する形／形競技の第一指定形となる
形「チントウ」の動作解説

◆立ち方（結び立ち）
◆用意の姿勢
◆自然体
◆一挙動
◆二挙動
◆三挙動
◆四挙動
◆四～五挙動　中間姿勢
◆五挙動
◆六挙動
◆七挙動
◆七～八挙動　中間姿勢
◆八挙動
◆八～九挙動　中間姿勢❶
◆八～九挙動　中間姿勢❷
◆九挙動
◆九～十挙動　中間姿勢
◆十挙動
◆十～十一挙動　中間姿勢
◆十一挙動

◆十二挙動
◆十二～十三挙動　中間姿勢
◆十三挙動
◆十二～十三挙動　中間姿勢
◆十三挙動
◆十三～十四挙動　中間姿勢
◆十四挙動
◆十五挙動
◆十五～十六挙動　中間姿勢
◆十六挙動
◆十六～十七挙動　中間姿勢
◆十七挙動
◆十八挙動
◆十九挙動
◆二十挙動
◆二十一挙動
◆二十二挙動
◆二十三挙動
◆二十四挙動
◆二十五挙動❶

◆二十五挙動❷
◆二十五挙動❸
◆二十五挙動❹
◆二十六挙動❶
◆二十六挙動❷
◆二十六挙動❸
◆二十六挙動❹
◆二十七挙動❶
◆二十七挙動❷
◆二十七挙動❸
◆二十七挙動❹
◆二十八挙動
◆二十九挙動
◆三十挙動
◆三十一挙動❶
◆三十一挙動❷
◆三十一挙動❸
◆三十一挙動❹

おわりに……212

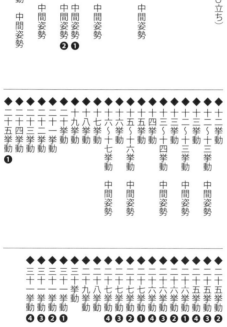

第1章

沖縄空手と日本柔術の融合

偏屈な血筋を受け継いで

私は天邪鬼《あまのじやく》なのか？　それとも大塚家に生まれると天邪鬼になっていくのであろうか。

「天邪鬼」とは、悪鬼神や小鬼、または日本の妖怪と説明される。日本神話に登場する神々の記紀中では、天の邪魔をした神が天邪鬼になったともいわれている。これらの神話から転じて、他人の思想や言動の逆をいく「ひねくれ者」「偏屈な人」というような一風変わった性格の者を指す言葉である。

他人の意見にある程度納得すれば同調することをよしとする日本の風潮の中では、そういう人は忖度《そんたく》ができない人と見られ、生きづらい性格であろう。

しかし我が大塚家の人々は、自分自身をそんな性格だとは誰も思っていないので、特に生きづらいなどとも思わない。それは、根っからの天邪鬼だからかもしれない。

私は、和道流宗家である大塚家に三代目として生まれた。自身が望もうが望まざる

叙勲を受けた時の初代宗家（右）と幼少時代の著者（中央奥）

が、半強制的に将来三代を継承する人物として育てられるはずだった。ところが、全くそのような英才教育を施されるようなことはなく、ごく普通に育てられたのである。

しかし、門人は皆そのような目で見ていたようで、幼少期より「若」「三代目」などと呼ばれていた。この呼称は、私自身が自分の将来を和道流に捧げることを望まずとも勝手に呼ばれていたので、止めることもできない。

逆にそう呼ばれるほどに、「三

代目になどなるものか」と心の中で強く思う気持ちが大きくなった。やはり天邪鬼的な考えは、すでに大塚家の血を受け継いでいたのかもしれない。

思えば、そのような性格になるだろうと思われる出来事が、すでに幼稚園時代にあった。幼稚園のお遊戯会で演劇を披露するのであるが、私の配役が天邪鬼役であった。劇の題名や内容など今は思い出せないが、主役ではない脇役の天邪鬼であったことは今でも鮮明に覚えている。黒と黄色の一本角をゴム紐に括り付け、頭に乗せて出番がくるまで舞台横に待機していたことは今でも思い出せる。

ただ、天邪鬼役はやりたくなかった、できれば主役が良かったのもおぼろげに覚えている。

空手流派を継承する家柄に

なぜ大塚家が、空手を普及する家系になってしまったのか。

私の曽祖父、大塚徳次郎は茨城県下館市（現・筑西市）で医師として働き、地元ではかなりの名士で裕福な暮らしをしていたと聞いている。所有する家屋の周りには2キロ四方の所有地があり、自宅に近隣の川から水を引き込むのにも他人の土地を通さずに引き込めたそうである。

そして、私の祖父であり当流の流祖、初代・大塚博紀（大塚孝）は明治25年に生まれた。その当時は、明治維新を武力で闘ってきた勇者が未だ存在していた時代である。また、士農工商の身分制度が明治維新により解消され、代わりに華族、士族、平民の身分が制定されることになっていた。

流祖が物心つく年になった時、外出の際は羽織袴を着せられていたようで、この頃にそのような服装をしている者は平民とは違う身分の人とみなされ、町の人々がお辞儀をする習慣が残っていたようである。流祖自身はそのような行為をされることが恥ずかしく、嫌がっていたようであるが。

　そんな裕福な家庭に生まれながら、なぜ沖縄県人でもなく、沖縄に何のゆかりもない流祖が空手を伝えることになったのか。偏屈な性格がそのようにしたのか、それともへそ曲がりのせいなのか。

父、大塚徳次郎の膝上に乗る幼少期の初代宗家

　流祖の母方の叔父である江橋長次郎、この人物は明治維新を刀で戦い抜いてきた実戦経験者だった。土浦藩の武術師範で、直心影流《じきしんかげりゅう》剣術と浅山一伝流《あさやまいちでんりゅう》柔術の使

初代宗家の構え

い手である。流祖がこの江橋に柔術の手解きを受けたことが、大塚家の和道流誕生に至る大きな転換点であった。

もし仮に、江橋長次郎が医者だったら、大塚家は医者の家系だったのかもしれないが、人生は何が後世に影響を与えるかわからないものである。大塚家の場合、流祖から聞いたこのような事柄を文章に残した人がいたが、普通は家系の歴史はあまりしっかりと後世に伝えられないのではないだろうか。

しかも、流祖は柔術を始めたこの時まだ小学校時代で、たまたま母親からの勧めで始めたのだった。これがまさか将来を左右する選択だとは考えていなかったであろう。

母親が子供に与える影響は、時として計り知れない力を持っている。私の母親、大塚愛子は女性第一号の和道流会員であり、女性黒帯取得第一号でもある。私が物心のついた5、6歳の頃、家の中で戦いごっこのように母親に向かっていったのだが、和道流式組手で私の攻撃は容易にかわされ、脛に蹴りで触られたり、鼻を摘まれたり、頭の上に手を置かれたりと簡単に反撃されてしまった。しかも私の攻撃はかすりもしないのである。当時はこれが和道流式組手だとは知らなかったが、後に和道流式組手が一時途絶えそうになり、私が普及に乗り出した時、この記憶が大いに役立った。

このように母親からの影響はあったが、和道流を継承することにした決定的な理由とはいえない。二代、三代と続いていくと、継承理由は大層な理由によるものではなくなっていく気がする。

というのも、二代宗家の継承理由は、和道流が軌道に乗り始めて連盟が大きく成長し始めたので、引き続き世に広めていかなければもったいないから、継

著者の母（二代宗家夫人）とコメディアンのトニー谷氏
（雑誌『婦人倶楽部』昭和29年2月号の取材時）

真剣白刃捕りを演武する初代宗家（受けは二代宗家）

承を決めたと聞いた。そして私に至っては、その家庭に生まれてしまったから、しょうがなく三代継承を承諾したのである。

世にある老舗などでの継承理由や経緯は詳しく知らないが、私自身は偏屈な理由だったのかもしれないと考えている。

未知の武術「唐手術」に生涯をかけた流祖

そもそも大塚家は、曽祖父から医者の家系であった。流祖である祖父は大学中退後、親戚と母親の面子を潰せないという理由で、親戚筋が経営していた川崎銀行に17年間勤めた。しかし、母親が亡くなった大正13年の翌年には退職してしまった。

それと同時期、神道楊心流《しんとうようしんりゅう》柔術第四世で講道館柔道五段であった流祖は、名倉堂整骨院を開業し、昭和13年まで整骨師として働いた。しかも現在の柔道整復師会の立ち上げに理事として参加していたが、この会が軌道に乗り始めた時に辞職してしまう。

医者の家に生まれ、銀行勤めはしたが接骨師として医療に携わる。普通はこの時点で、親が医師だからやはり医療に携わる道に導かれたのだろうと考えるが、なぜ空手の道に入ってしまうのだろうか。

銀行勤めの期間に、沖縄には唐手《からて》という武術があると聞いたのだろうか。大正11年5月に東京で開かれた第1回体育博覧会で琉球唐手術の演武を見たのだろうか。きっ

昭和 10 年、柔道整復術研究会講習会にて（最後列右から３人目に初代宗家）

かけは定かではないが、大正11年7月には沖縄から東京に移り住んだ冨名腰《ふなこし》（船越）義珍《ぎちん》の元で唐手の修行を始めることとなった。

この時代の東京では、柔道や柔術、剣道が武術として盛んに行われていた。それらに比べて、唐手術はまだ東京で紹介されたばかりで一般にはまだ知られていなかったようだ。

これを現代風に考察すれば、東京２０２０オリンピックで初めてスケートボード競技が採用され、日本人が大いに活躍したのを見てスケートボードを始めるようなことだろう。

この時点で流祖は、将来空手が世界的に飛躍する武術であると認識していたのであろうか。そうだとしても、流祖はこの時すでに30歳である。この歳で新しいものを取り入れて生涯を通じて研究すると決断するだろうか。多分変わり者であるが故に、そこまで深く考えずに決断できたのではないかと私は思う。

というのも、私自身も似たような経験があるからだ。私は大学で体育学の教員免許を取得し、学校の先生を目指していた。しかし、その頃は外国から多くの人が日本を訪れ始めた時期で、これからは英語を話せることが重要になると考えた。そして、昭和63年（1988年）の大学卒業後にアメリカとイギリスに計4ヶ月遊学に出てしまったのである。

しかも英語は大の苦手科目で、出立時点で理解していた英語は「ハウマッチ？」ぐらいだった。だが4ヶ月も海外に滞在すれば何

冨名腰（船越）義珍〈1868～1957〉

とかなるもので、基礎的な英会話は習得できた。

さらに後には、複雑な英会話では意思、感情、思考伝達を英語で理解することが必要だと考え、平成3年（1991年）に二代宗家の反対を押し切り、アメリカのコロラド大学にあるＥＳＬ（留学生のための英語コース）に留学を決めて渡米した。やはり深く考えずに行動してしまうのは血筋なのであろう。

二代宗家は事業の成功から空手の道へ

二代宗家に関しては、子供時代に疎開していた時のことを話してくれたのを思い出す。

東京から田舎に疎開すると、地元の子供は東京出身者が少数なのを良いことに、いじめを仕掛けてくるということであった。二代宗家自身はさほどいじめを受けていなかったようだが、東京から疎開して来ている他の友達への嫌がらせは日々エスカレートしていったという。

最後にはそれが我慢し切れずに、自宅からまさかりを持ち出し、いじめっ子の大将の自宅に乗り込んだ。踊り場にまさかりを突き刺し、「文句があるなら出てこい」と勝負を挑んだところ大将は震え上がり、それからはイジメを止めて友達として付き合いを始めたということであった。その時に突き立てたまさかりは、大人が引き抜こうとしても簡単には抜けないくらいに食い込んでいたそうである。

この話は、後に和道流が分裂した時に、相手側の責任者三人が破門処分を不服として訴訟を起こした際、二代宗家が相手の弁護士三人に一人で立ち向かった勇姿に重なる。二代を継承する際の理由が「もったいないから」と言った男が、和道流を守るためにそこまで変わるものだろうか。

二代宗家は明治大学在学時、道場にいる時間よりも登山で山の中にいた時間のほうが遥かに長いほどの山好きだった。多い時で1年の三分の一は山の中にいたという。そして、自然の中で実際に岩を登るロッククライミングを当時から行っていた。

明治神宮古武道大会で短刀捕りを演武する二代宗家

　このように学生時代は登山に明け暮れていた二代宗家だが、意外に商才もあったようだ。戦後のドサクサに紛れて米軍キャンプと東京の花街間で商品売り買いをする商売を友人数人と始め、これが大当たりして、最終的には東新宿辺りでそこそこの土地を所有するほどになったという。しかし悪銭身に付かず、友人の一人が権利書とお金を持って遁走してしまったという落ちであった。

　また、卒業後は学生援護会でしばらく働いており、この会社は後に『アルバイトニュース』などを発行する大企業へと変貌する。しかし、和道流の技術継承を第一に考えると、副業を続けながらでは技術の習得は難しい。二代宗家は、勤め続けていれば大企業の幹部で引退したかもしれない未来を選ばず、和道流の発展の道を選んだのである。しかもその理由は「もったいないから」とは、やはり偏屈であるが故なのだろう。

登山と写真を嗜んでいた学生時代の二代宗家

また将来、和道流の記録を残すために写真学校に通ったとも聞いたが、山の風景を撮りたいためだったのかもしれない。しかし後に、印刷技術の向上により写真入りで本が作成可能になり、流祖の原稿に写真を加えて和道流の形の本を作成した時には二代自身が撮影をして、大いに経験が役立った。

しかし、この『空手道　第一巻』という本はハードカバーで箱入りの豪華な本で、制作費も掛かったので価格は高めであった。それ故、はじめに印刷した４００冊がすぐには売れず、私の子供時代は家中が本の保管場所であったため、本の中で暮らしていたのである。

本部道場の完成

現在、和道流総本部道場は練馬区に位置する。

しかし昭和54年まで流祖が住んでいた家は、２ＤＫ風呂付きの借家であった。しかも一時期は、娘二人とその子供を含め六人で貧乏暮らしをしていた。それを二代宗家が嘆いて、何とか道場付きの一軒家を流祖に用意できないものかと考えていた。そこへ、昭和50年代前半頃からブルース・リー主演の映画が大ヒットした関係もあり、空手が爆発的に流行しはじめた。弟子の数も急激に増えて、空手家としてやっと生活が成り立つ時代がきたのである。

しかも、それまでは各流派の最高段位は五段位となる五段位制であったが、十段位制への移行が決まり、多くの空手家がお金を積んでもより高段位を欲する現象も発生した。

こういう時代には、商売に明るい者、政治的手腕のある者、法に詳しい者たちは頭の回転数が上がるのだろうか。これはチャンスと分裂以前の和道会に入り込み、政治、商売、規約を駆使してお金を集め、最終的には総本部道場の建設も可能となる十分な額の資金を集めてしまった。

そして流祖に対して「この資金が必要な時は、いつでも集めてお渡しできます」と告げていた。しかし口約束では後の祭り、総本部道場建設資金が必要と告げた時には、会の資金として積み立てられていて、道場建設には使えない状態にされていた。

最終的に総本部道場は練馬区三原台に建つのであるが、頭金以外は借金生活となり、流祖は最晩年まで質素な暮らしを続けざるを得なかった。

流祖が大日本空手道振興倶楽部を和道流として発足したのが、昭和9年である。この時代は各大学の学生が、空手という未知の武術に興味を示し、急速に多くの大学で空手部が創設された。

流祖が昭和13年まで副業として続けていた接骨院に見切りをつけ、空手一本で勝負することを決めた時期でもある。空手で収入がない時には、親から受け継いだ田地田畑土地家屋を切り売りして何とか食いつないでいた。

その頃、大企業に勤めていた叔父が中国に広大な山林を所有し、日本に木材を輸入して莫大な利益を上げていたので、現在の東京都麻布の辺りに総檜作りの和道流総本部道場を建設してくれるという話も出た。ところが、人は儲かっている時は羽振りが良いが、もし商売が何らかの理由で立ち行かなくなった時に返してくれなどと言われたら揉め事の種になるから要らない、と流祖は最高の申し出を断ってしまうのである。

私などは麻布にある和道流総本部道場を今でも夢見てしまうのだが、叔父の持つ中国の山林は戦後中国人に取られてしまったということなので、夢は夢であるのが嬉しいものなのだろう。

ブルース・リーと和道流

1970年代に入るとブルース・リーのカンフー映画が世界的にヒットした影響もあり、武術を習得することが世界的ブームとなった。その頃、ブルース・リーが米国の俳優にジークンドーを指導しはじめた影響からか、現在でも欧米では何人もの有名なロックミュージシャンが空手の先生を個人的に雇いプライベートレッスンを受けているという。

空手もその流行りの波に乗り、海外でも道場入会希望者が後を絶たない状態になったという。この頃に空手指導者が多く必要となり、新たに日本から大学空手道部を卒業した人が多く動員されることとなった。

ブルース・リーに関連して、欧州和道流の会員の中で語り継がれている話がある。真偽のほどは定かではないが、ハワイ生まれの日系二世でハワイに和道流を広めた先生の若い頃の話である。

その先生がハワイからアメリカ本土シアトルの大学に入学した際、ちょうどブルース・リーがその地に道場を開設した時分で、入門してブルース・リーの初期の弟子になったという。しかし、大学卒業と同時にハワイに戻ることとなり、その当時ジークンドー道場はハワイにはなく稽古の継続が困難となった。そこで彼はブルース・リーに相談をしたところ、次のように返答されたと語られている。

「もし武術を継続したいのなら、他の武術でも良いからハワイにある道場で続けてはどうか。例えば、武術名は覚えていないが、ロングビーチ国際空手選手権大会で真剣白刃捕りを演武していた御老人がやっていた武術があれば勧めるのだが」と。

このロングビーチ国際空手選手権は1968年にブルース・リーが出場していた大会で、その大会でのエキシビションとして和道流流祖も呼ばれて真剣白刃捕り等を演武していたのである。

1975年、アメリカ・ロングビーチでの第3回空手道世界選手権大会にて組手形を演武した時の初代宗家（左）

この大会で真剣白刃捕りを演武したのは流祖だけだったので、ブルース・リーは和道流を勧めていたのである。そしてこの日系二世の先生は、ハワイに戻った後、言われた通りに和道流道場に通い、生涯和道流を指導し続けたのである。

真剣白刃捕りの一例。相手が剣を振り上げた刹那、懐に入って腕を押さえる。すかさず当て身を加えてから、斜め後方へ大きく跳んで間合いを切る。

純粋な沖縄空手ではないことの表れ

現在、空手と一言に言っても、いろいろな流派がある。各流派での事情により、技の名称や立ち方、身体の使用方法を表す言葉など、それぞれに異なった名称を使用している。それらを私自身が全て網羅しているわけではないので、ここでは和道流の中で独自に使用している名称を取り出して考えてみることとする。

流祖である祖父は元々柔術や剣術を修行していた。そして、大正11年に沖縄から東京に移り住んだ冨名腰義珍先生を訪ねて修行を重ね、自身が継続している日本古来の武術に空手を取り入れて和道流を創始した。そのような経緯があるので、和道流は純粋な沖縄空手ではない。

そうした事情から、和道流の中で使用されているいろいろな技の名称については、沖縄から伝えられた言葉をそのまま使用しているところと、日本武術から派生した言葉を用いているところに分かれている。

順突き立ち

ナイハンチ立ち

逆突き立ち

セイシャン立ち

それが顕著に表れているのが、ナイハンチ立ち、セイシャン立ちなどの琉球由来の名称と、順突き立ち、逆突き立ちなどの日本語名称がある。

第1回、明治神宮競技大会で公開された組手形

大正13年（1924年）、後の国民体育大会のもとになったとされる第1回、明治神宮競技大会が開催された。国民的スポーツの祭典と位置付けられたこの大会は内務省により企画され、大会内で行われる武道の演武会に日本武道と共に空手にも参加依頼が届いていた。当初、大会参加を決意した冨名腰先生は空手の形を披露する予定でいたようだ。しかし、他の日本武道のような二人組での迫力ある演武に空手が見劣りしないことが重要であると流祖が進言したという。そして急遽、日本柔術を取り入れた組手形、真剣白刃捕り、短刀捕りを創案し、演武することになったと和道流では伝

えられている。

　そこで、空手は従来の形だけだと見栄えがしなかったのか、という疑問が浮かぶ。現在の空手では、分解と呼ばれている形の動作を解説する競技も行われているが、当時なぜそのような空手の動作の意味用法を披露する演武をしなかったのであろうか。そもそも、形の動作の意味用法はなぜ説明されていないのか。そして、いつ頃か

形「チントウ」に含まれる動作の分解（解説）を示す応用の一例。初代宗家は、師から伝えられた解説をあえて変えることなく、そのまま残している。この写真では、相手の前手を落としながら顎を打ち上げ、180度転身して蹴りと打ち、歩を進めて突き。

ら分解の解釈が行われるようになったのか。

和道流では、形の何箇所もの意味用法の解説が伝えられている。ただし全ての動きについてではない。これらの分解（和道流では解説と呼ぶ）では、流祖が習われた通りの説明を今も残している。空手の中で伝えられてきた用法である。

その用法の中には少し強引な方法も含まれているので、実戦で本当に解説通りに使えるのか、疑わしい箇所も含まれている。しかし和道流では、原型の解説をそのまま残している。

和道流の稽古体系では、空手から取り入れられた形の稽古方法や解釈以外は、ほとんど流祖自身が開発した技である。これらは二人組で行う実戦に近い形で、基本組手や正座で逆技を極める居捕り、真剣白刃捕り、短刀捕りなどである。

この中にも、形の動作を応用した方法が多く含まれているが、流祖はこれを沖縄の形の動作とは紐付けなかった。沖縄から伝えられた解説には不足の部分がいくつもあるが、これらの失伝した箇所に自分で創作した解説を当てがい、これがその形の意味だとは決してしてしていない。

初代宗家による短刀捕りの演武

たとえ基本組手の中の動作が空手の形の一部と酷似していても、自分の創作は空手本来の使い方ではないとしたのである。これは、空手の源流を守るための措置であったと私は理解している。

元をたどれば、明治神宮競技大会の折に、演武を効果的に見せるために柔術の技を空手に複合してしまったことへの戒めだったのではないかと私は感じているが、事の真意はわからない。

私は、古来の沖縄の空手は沖縄空手もしくは琉球古武術として特別な名称を持つべきだと思う。空手の源流に相応しい名称を有するべきである。そして、和道流空手道は日本武術と空手が融合してできた武道空手である。だから沖縄空手とは名乗れないと考えている。

中国語、琉球語、日本語の選択

そもそも、ナイハンチやセイシャンとは形の名称ではあるが、元々は中国語なのか琉球語なのかもわからない響きである。中国、福建省の方言に似た響きがあるとも聞いたことがあるが、中国語が元であるならばそれら形に使われている名称の本来の意味が伝わっていても良いのではないかと思う。

形の名称にはそれ以外にも、チントウ、バッサイ、ニーセーシ、ジオン、ローハイ、ジッテ、ワンシュウなどがあるが、これらはカタカナ表記で表されていて、その言葉の響きも意味も何語が由来なのかわからない。

それに対し、平安（ピンアン）、公相君（クーシャンクー）は漢字で表記される形名である。

ピンアンの形は、糸洲《いとす》安恒《あんこう》先生によって比較的新しい時代に制作された形である。その漢字表記と中国語発音は、現代の中国語とも同じか似ているようである。

そして、和道流で使用されている呼称は、流祖が沖縄空手の先生に習ったそのままを現代も使い続けている。ピンアンという呼称も富名腰先生に習った時に伝えられた形名を今も使用している。

ただし、後に富名腰先生は形の名称等を日本語表記に変更したため、平安は日本語読みである「へいあん」に変わったようである。しかし、それは流祖が独立された後の出来事なので、和道流ではピンアンの名称で定着した。

ここで例に挙げたのは、沖縄から伝わった形の名称であり、発音のカタカナ表記や読みである。ただ、それ以外に伝えられた言葉が意外に少ないことが不思議である。

例えば、立ち方の名称については、和道流ではナイハンチ立ち、セイシャン立ちのみが、沖縄から伝わった形の中で立ち方の名前に用いられている。この「〇〇〇立ち」の立ちは日本語のようである。

ということは、元来、形の中で使用されているいろいろな立ち方には名前すら付いていなかったのではないかと考えられる。

これらの名称が形で使われている立ち方を表す言葉であるならば、なぜ他の形の中で使われている独特な立ち方には、そのような名称が使用されなかったのだろうか。例えば、チントウ立ち、バッサイ立ちのように。

そこで他武術を見渡してみると、太極拳では各動作に名称が付いている。その名称を聞いただけで、該当する動作を容易に想像できるように稽古体系が作られているようである。

しかし空手において、私の知る限りでは太極拳のように名称により体系付けられてはいない。

和道流の形の中で使用されている受けや突き、または立ち方についても名前がない動作が多く存在するので、それらの動きを指導する際には難儀することがしばしばある。例えば、「平安四段の時に使う受け方」のように説明しなければならないのだ。

しかも、それだけでは初めてその形を習う人には到底理解できないので、左右の腕の動かし方、腰の回転の仕方、足の移動方法などを事細かに説明しなければ正しい動きを指導できない。もちろん、一度動きを覚えてもらえれば次回に説明する際には「体の前で両腕を回転して受けるやり方」などと言えば理解してもらえるのだが、それでもまだ説明的で、稽古中に一つ一つ説明する動作名としては長すぎる。

しかしこれに「回し受け」「回転受け」のような呼称を勝手に作って説明してしまうと、沖縄の形の動作に勝手に和道流独自の名称を付けてしまうことになる。流祖はそれを避けて、呼称を教えられなかった動作にはあえて固有の名称を作成しなかったのであろう。

沖縄空手に敬意を表す

和道流では現在も、各動作を「説明するように」指導が行われる。

空手と日本武術、二つの異なった武術から和道流は創流されている。そのため、和道流の中にある空手の部分は、沖縄に原型がある形を、借り物として使用しているにすぎないのである。だから流祖が習得した以上の事柄を勝手に和道流の中に用いれば、それはもはや空手ではなくなってしまうこととなる。そのような理由により、現在でも形の中での動作には呼称がない。

また、日本武術の部分に関しては、自身が神道揚心流、第四世を継承しているので、それをさらに改良し、より優れた技術を作り出すために空手の技術を融合したのである。

しかし、神道揚心流に空手を取り入れた時点で、その神道揚心流はそれ以前とは同じ技術ではなくなった。そして、融合された技術の名称を和道流柔術拳法として、自身が継承した神道揚心流とは別の武術として始めたのである。

この原型を崩さない考え方について、海外から日本に伝来したスポーツで同じ状況を想像してみてはいかがだろうか。

例えば、テニスでは最後にポイントが並んだ状態を「デュース」と呼称している。これを「後2点取れ」や、全く意味のない言葉「ヨッシャ」などと勝手に固有の名称を与えてしまったら、最終的にそれをテニスと呼べるのであろうか。百歩譲って呼称だけなら良いとしても、もしラケットの形状を変えたり、球の打ち返しを居合切りのように行ったりと、原型から許容範囲を広げていくのなら、それは最終的には新種のスポーツとしたほうが良いのではないだろうか。

他国由来のスポーツは、日本で普及したとしても、極力その国の言語に近い発音を用いて本来の形を損なわないようにしていて、原型が作られた国に敬意を払っている。和道流の流祖は、自身が元来柔術出身であったので、空手を修行した後に独自の流派を創流した折、沖縄伝来の空手に敬意を表し、自分が学んでいないことに関しては勝手に創造することがなかったのである。

中国武術の影響を受けた日本武術

そもそも唐手が唐手として確立した経緯は、歴史の中で琉球と中国の間に密接な関係が長く存在していたからである。

明治12年（1879年）、明治維新により樹立された日本政府が沖縄に軍隊を派遣し琉球国王を追放するまでは、琉球王国は中国との間で、貿易、技能、知識、学問、教養と各分野にわたって結びついていた。そのため中国伝来の武術が、沖縄で多くの人に伝授され、空手という独特の武術ができ上がったのである。

またそれとは別に、日本本土からも中国に渡って武術の修行を重ね、帰国した剣術家が存在したといわれている。小笠原長治という真新陰流開祖である。

彼は、慶長20年（1615年）以降に中国の明に渡り、中国武術の矛を習得し、「八寸の延金」という術を考案した。それは不敗の技といわれるまでに昇華したという。

しかし残念なことに、以降「八寸の延金」は失伝してしまった。それを後の白井亨

（天真一刀流二代目、天真白井流の開祖）が復元に成功したといわれている。白井亨は、構えた剣から火輪が出現すると噂された達人である。

この話が真実であれば、この武術も空手と同様に中国の武術が日本にもたらされたことになるが、中国からの影響はあまり語られなかったようである。

また、和道流の流祖が四代目を継承した神道揚心流柔術は、和道流柔術拳法のもとになっている。神道揚心流柔術の中興の祖は、秋山四郎兵衛義時とされている。この人物は中国人の博転という人物から拳法三本、活殺法二十八種を学んだとされる。そして後に、捕手三〇三手を考案して楊心流を起こしたというが、真偽のほどははっきりしていない。

いずれにしても、日本では古来より中国伝来のものは尊いとする風潮があったようで、中国仏教、儒教など文化の原型が中国に由来していることは多い。そのような風潮から、日本武術の原型を中国由来にして宣伝したのかもしれない。

日本の昔の土器、剣、文化、宗教、政治なども、どこか海の向こうから影響を受けたものがほとんどであろう。例えば現代でも、日本の喫茶店の定番メニューとされる

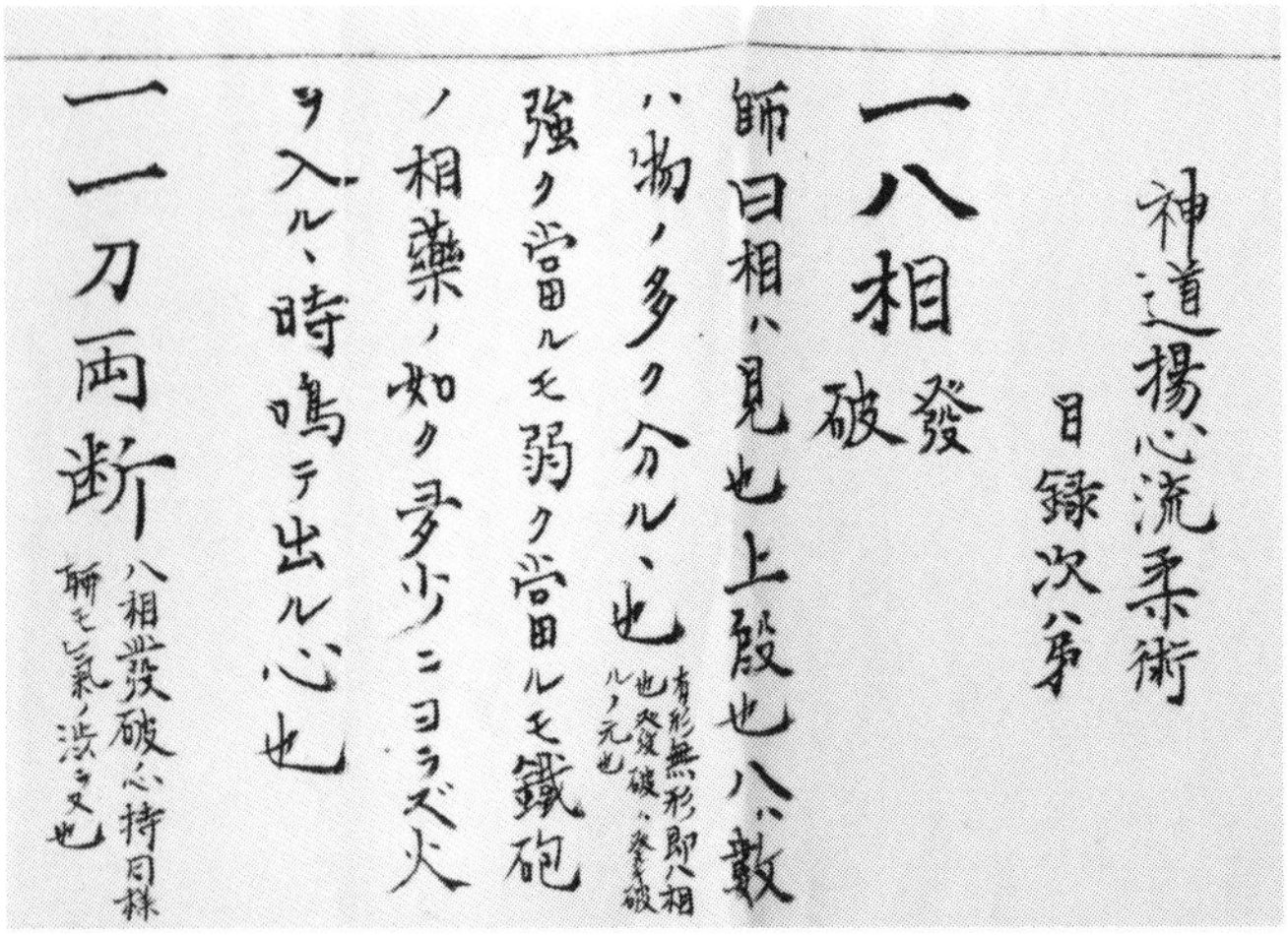
神道揚心流柔術
目録次第
一八相 發破
師曰相ハ見也上段也八ハ數
ハ物ノ多ク分ル丶也 有形無形即八相也發破ハ発ヲ破ルノ元也
強ク當ルモ弱ク當ルモ鐵砲
ノ相薬ノ如ク多少ニヨラズ火
ヲ入ル丶時鳴テ出ル心也
一一刀両断 八相發破心持同様

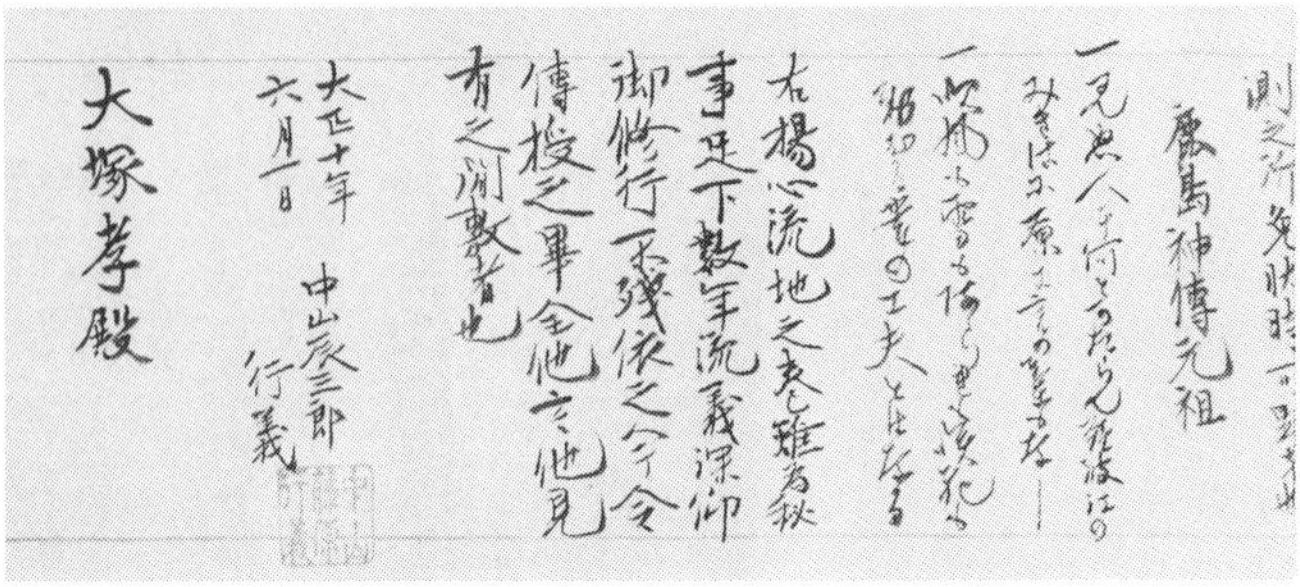
鹿島神傳元祖
右揚心流地之表雖為秘
事足下數年流義深御
御修行不殘依之今令
傳授之畢全他言他見
有之間敷者也
大正十年
六月一日 中山辰三郎
行義
大塚孝殿

初代宗家が継承した神道揚心流柔術の伝書（一部）

ナポリタンスパゲッティは、イタリアにはないという。これは日本人が創作したイタリア風の料理なのである。ただし、イタリア人がこれを食して美味しいと言うのはよく聞く。日本人はこのように原型から変化させて、より優れたものを作り上げるのが得意な人種である。

日本刀に関しても、元をたどれば中国伝来のものであったようだ。紀元前400年頃の中国戦国時代の魏には百辟《ひゃくへき》と呼ばれる刀作りの技法が存在していたようだ。百層になるほど鍛造を繰り返し、鉄を鍛える技術は、後に日本刀に受け継がれたのであろう。しかし、日本刀の反りの形状は日本で改良が繰り返された結果のようで、明時代には逆に中国において日本刀の反り形状を模した刀が作られた。

これらのように日本で改良されてより優れたものに昇華されたケースは枚挙にいとまがないが、ほとんどの事柄は長い年月を重ねるうちにその源流が忘れられてしまう。

このように空手は沖縄で生まれ、日本本土を経由して世界的に広まった独自の武術である。そのような貴重な文化を未来に残していくためには、空手の原型を簡単に変えてしまうべきではないと思う。

もしくは、フランス空手道連盟が採用しているシステムのように、競技用の空手と武道としての空手を完全に分けて伝えていくのも良い方法である。境界線を設けることによって、どこの部分がスポーツで何が武道なのかを修行者自身が考えるきっかけとなることは間違いないようである。

これは、本来の武術としての空手を競技とは完全に切り離し、武道性を失わないための措置となるだろう。

和道流が試みる武道性とスポーツ性の明確化

毎年行われている和道流空手道の全国大会は、和道流会員のみが集まる大会であり、連盟行事の中でも重要な催しとなっている。

平成28年（2016年）までに52回もの全国大会が行われてきたが、そこでの競技内容は、他の空手競技大会の内容と同じ方式、ルールで行われていた。多くの人が参加し安全に競技するためにはルールの統一性は重要だが、一方で、流派に存在する独特かつ多彩な技の使用を禁止する結果にもなっていた。

和道流本来の組手では、束蹴《そくげ》り(脛への蹴り)、足刀蹴り、裏打ち、鍵手突き、背手打ち、掌底打ちなど、いろいろな技があるのだが、これらのほとんどは競技試合では禁じ手となっているか、ポイントとして有効にならない。そのため、本部道場以外では使われない技となってしまった。

そこで私は、流派独自の技が将来失われてしまう危険性を感じ、それを阻止できる方法はないかと考えた。それが2017年より和道流全国大会において行われるようになった熟練組手とその表彰制度である。

スポーツ競技では、一人のチャンピオンを作るために多くの敗者を生み出す。オリンピックや世界大会においてもチャンピオンに注目が集まり、チャンピオンに敗れた敗者は注目されない。

しかし、敗者はチャンピオンと比べて特別に劣っているわけではない。その大会で

足刀蹴り

踵の小指側の側面で蹴る技法

裏打ち

拳の甲側で打ち込む技法

束《そく》蹴り

相手の脛を上足底で蹴る技法

背手打ち

掌の人差し指側の側面で打ち込む技法

鍵手突き

人差し指を鍵状に曲げて突く技法

掌底打ち

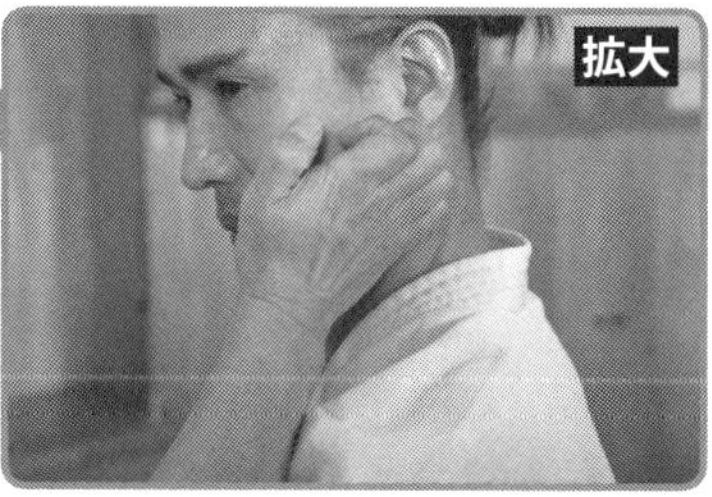

指を曲げ、掌の付け根で打ち込む技法

は勝ち残らなかっただけで、敗者の中に人間的に優れた人物はたくさんいるはずだ。だが、スポーツではそういう人を切り捨てて、チャンピオンを崇めるものである。

武道とは一人のチャンピオンを作るための修行ではなく、多くの秀逸な人材を世に輩出するための鍛錬である。たった一人だけの優秀者を求めてはいない。

古の剣術の武者修行者は強い相手を求めて旅に出たが、不必要な戦いを避けることもあっただろう。戦わずして相手の技量を推察し、あえて自分から戦いを辞退する場合もあったかもしれない。一度戦えば生死を分かつため、強さ弱さを生死のいかんで測ってはいなかっただろう。生き残った者が強いとはされていない。

このように私は、スポーツにおける勝者の考え方は、武道精神と相容れないのではないかと考えた。どのようにしたら、より武道的な大会内容にできるかと考えて、現在、和道流全国大会の中で新しい競技方式を採用している。

具体的にはまず、金銀銅の上位入賞者に贈るメダルやトロフィーの廃止である。色分けを廃止してメダルは黒一色にした。トーナメント方式なので最終的に一人だけが残ることになるが、和道流の求めている技術に達していなければ、その黒メダルが授

和道流全国大会で独自に行われる熟練組手試合。束蹴り、鍵手突き、掌底打ちなども有効とされる。

与されない場合もある。

また、もし黒メダルを獲得しても、その熟練度により、天の位、地の位、人の位と獲得できる達成度が分けられているので、そこが終着点とは限らない。一方、決勝戦で勝敗が決したとしても、どちらも甲乙付け難いと判定された場合、二人同時に黒メダルで表彰されることもあり得る。

この黒メダルに付けられた天地人の三つの位は、流祖が和道流を創流した折に、和道

熟練の部の入賞者に授与される黒メダル

流の意義を託した漢詩から拝借した。その漢詩には「和天地人之理道」と「和」の漢字が頭に付くが、日本語読みでは「天地人の理道に和する」となる。

すなわち上下の文字が「和」と「道」になり、和道流の意義を形成している。ここから「天地人」を拝借し、新たな武道的競技の試みの達成度を表す言葉とした。この天の位に達した者はまだいないが、今後どのような人物が選ばれるのか楽しみである。

第2章

海外から見て空手を理解する

フランスに飛び立つ

武術流派の宗家を継承するということは、一日や二日の準備では到底不可能である。しかも頭で決めただけでは、どうなるものでもない。日々稽古をし、和道流を研究して理解し、流祖の意志を継承しつつも常にその時代に合うように創意工夫するしかない。

そして、和道流の伝統技法から離れないように後世に伝えていく強い意志がなければ、続けられることではない。

ところが、大塚家の伝承方法は、継承を快く引き受けられるとはいえないほど、ひどい伝授方法を代々行っている。弟子には親切丁寧に指導するが、継承予定者に対しては大まかで言葉少ないのである。

おそらく大塚家に限らず、同族で伝統が受け継がれる場では、他でも同じようなものなのかもしれない。

私自身もそのように二代宗家から教えを受け、理解が難しい動作については反復稽古を繰り返し行い、正しい動きの究明に日々努力を続けた。

その甲斐あって、和道流の動作を習得できたと思える段階まで達した時、感覚として良い動きができている時とできていない時の違いだけはわかるようになった。

しかし、何がどう違っているからなのかが、わからなかった。もっと稽古研鑽を積めばわかるようになるのかと思い、稽古量を増やしたが難しい。二代宗家に質問をしても、最小限のアドバイス「肩に力が入っている」などは指摘されるが、それだけではわからない。

ちょうど、私がいろいろと悩んで稽古している時分に、二代宗家が欧州和道流での巡回指導から帰国した。そのようなタイミングで、いつも同じことを二代宗家は私や弟子に言い伝えていた。それは「欧州和道流は日本よりも技術的に優れてきている。日本はもっと技術面をしっかりやらなければダメだ」と。

それを言い始めた時は、どのような意味かわからずにいたので、気にも留めていなかったが、何度も言い聞かされ続けているうちに、どのように違うのか自分の目で確かめたくなってしまった。

二代宗家と共に狭い日本で同じ場所を巡り指導していても、自分のためにはならないのではないかという思いもあり、私は二代宗家に半ば勘当された形で日本を離れ、フランスに移住を決めてしまったのである。

異国の地で潜在能力が開かれる

フランス移住後は、これといったつてもなかったので、どのようにして空手指導を始めようかと、6ヶ月、いろいろと模索していた。

すると、フランス空手道連盟の道場が、たまたま移り住んだモンペリエの中心部にあることがわかった。そして、当時その道場を任されていた元組手世界チャンピオンのジャック・タポール氏が、一緒に稽古をしようと誘ってくれた。しかも、道場が空いている時は自由に使用して良いとも申し出てくれたのだ。

見知らぬ土地で迷っている時に手を差し伸べてもらえることを大変ありがたく思い、すぐに彼の道場稽古に参加させてもらった。ところが、三回目の稽古の時、大怪我をしてしまったのだ。組手で相手の構えの下に潜って中段突きに入った時、相手の拳が頭頂部を掠《かす》った拍子に首が後方へ一瞬曲がってしまった。それが原因で椎間板ヘルニアを発症してしまったのである。

その日の稽古から3日間はさほど症状もなかったので病院へ行かずにいたが、4日目に診察してもらった時、即入院手術が決定されてしまった。医者の見立てでは、放置すれば半身不随か呼吸困難で死に至ることもあるとのこと。

フランス・モンペリエの市街

モンペリエで子供に指導する著者

首の手術後1年間はまともに動けない状態であったが、リハビリセンターに2ヶ月間いた頃、ちょうど欧州巡回指導でイギリスを訪れていた二代宗家が、欧州和道流責任者である塩満政文先生を伴ってわざわざセンターに見舞いに来てくれた。

しかも塩満先生が、欧州での私の後見人として面倒を見るので今後のことは一任させて欲しいと二代宗家に進言いただいたおかげで、勘当状態も解け、欧州にて和道流を指導できることになった。雨降って地固まるではないが、大怪我から手術のハプニングを経て、塩満先生の存在に大いに助けられることになった。

そして、この塩満先生が、私が問題としていた和道流の技術への疑問を解く鍵を授けてくれることになったのである。

塩満先生は日本大学空手道部で和道流を修行し、流祖から直々に指導されていた古株のお弟子さんである。その先生が学生時代に指導された時に掛けられた言葉が、「体で動け」「腰で歩け」などだったという。学生時代はそれなりに理解しているつもりだったが、さらに奥深い言葉であることが徐々にわかってきたと語った。

塩満先生が欧州で40年以上指導している中で、自身の動作が本当に正しいのか判断を迫られた時、いつも流祖に指導された抽象的なアドバイスを思い出したという。これらの本当に意味するところを追求し直した末に、筋力ではない第二の力の使い方に辿り着いたのである。

この第二の力を私も教わった。今まで通りの筋力での動き全てが悪い癖として体の中に染み付いているので、まずこれらの悪い癖を全て排除することから始めなければならなかった。

一度付いてしまった癖はなかなか抜けるものではないのだが、私の場合は幸運なことに、椎間板ヘルニアの手術を受けてからまだ6ヶ月目であったので、筋肉は25キロ程度減っていて、普通に力が出せない状況であった。そのため、筋力を使わない動き

フランス在住時は欧州各国で指導した（写真はオランダでの講習会）

が自然とできるようになっていた。

　神様のイタズラか、流祖があの世から導いているのか、フランスに移住後は全てが絶妙なタイミングで最高の状態を用意してくれているのである。その状態を得るためなのか、普段の何十倍もの能力を身体、精神、頭脳でも発揮できる状態になったりと不思議な状態が何回も訪れた。

　怪我による犠牲を強いられることで新しい経験が得られたり、フランス語が話せないのに講習会を任されているおかげで脳味噌がフル回転で思考して、頭の中でチャクラのようなものが開いたのか、何らかの脳内物質が出てきたのか。追い風にあおられて、自分の人生が勝手に推し進められているような感覚であった。

Le 27/04/2014

COURONNE STEPHANOISE

Rédaction : 7 rue de la Paix, 42700 Firminy - 04 77 10 11 60 - lprfirminy@leprogres.fr ; Publicité : 04 77 91 48 69

SAINT-GENEST-LERPT **Stage de karaté : Sensei Otsuka, hôte d'honneur des tatamis lerptiens**

Une belle brochette de ceintures noires sur les tatamis ce samedi. Photo Suzanne Renaudier

Comme chaque année à cette période, Mauro Masciopinto, invite Sensei Otsuka à son stage de printemps. La réputation de ce maître incontesté et incontestable, digne héritier d'une lignée de Sensei (le grand-père Hironori a reçu des mains de l'empereur Hiro Hito la médaille sacrée et fut élevé au rang de Meijin, la plus haute distinction que jamais un sportif n'ait reçu), mais aussi la qualité de ce stage font qu'il va bien au-delà des frontières du territoire lerptien.

Ils sont venus en voisin du Lyonnais, mais encore d'Ardèche, de la Drôme, des bouches du Rhône, bref de partout où le nom de Kazutaka Otsuka évoque une grande admiration et un grand respect.

Jamais les tatamis lerptiens n'avaient vu autant de ceintures noires réunies ; stage intensif de deux jours, à mettre au crédit de Mauro Masciopinto, responsable et éducateur du club lerptien.

Après une série d'échauffement, tout en douceur et souplesse, sur le tatami, un drôle de ballet s'est installé. Face à face, les partenaires esquivent, attaquent, dans une gestuelle tout en puissance. Chaque segment du corps est mis à contribution pour parer ou éventuellement porter des coups. Samedi, Kazutaka, après échauffement et perfectionnement de la posture à adopter, tient à effectuer un travail sur la musculature interne, celle que nous négligeons trop souvent, celle qui nécessite une bonne maîtrise de la respiration. Fatigués mais satisfaits de leur après-midi, ils reviendront aujourd'hui, motivés, pour aller encore plus loin dans leur apprentissage. ■

フランス・サンテティエンヌでの講習会が地元紙で紹介された際の記事

欧州空手道の草創期

欧州において空手が普及しはじめたのは1950年代の終わり以降である。多くの場合、日本の大学で空手道部に所属していた部員が卒業後、新天地を求めて海外に移り住み、現地で指導しはじめたのがきっかけのようだ。

その頃の大学空手道部の学生たちは、大学での稽古は当然として、稽古が終わってからも都心部の危険な地域に繰り出し、先輩がわざと柄の悪そうな人や人相の良くない人に肩をぶつけて喧嘩を率先して買い付け、喧嘩自体は後輩に任せてしまうということが行われていたようである。

また後輩のほうも、喧嘩に負けてしまうと学校に戻ってまた稽古が再開されてしまうので、必勝で臨んでいたということである。

今では考えられないことだが、そのように気合の入った（？）日本の精鋭部隊が欧州で空手を広めはじめたので、初期に頻繁に道場に現れた道場破りを片っ端からやっつけていたということを何度となく聞いた。

それまで欧米では、素手による戦い方といえばボクシングが主流だったが、空手が入ってきて、しかも道場破りをことごとく打ちのめしていたので空手が一目置かれるようになっていったのである。

このようにして、日本人が空手道場を開設すると入会希望者が少しずつ増えていったという。そして、欧州での空手史が始まった。

また、普及活動の初期には至るところで演武会も開催したという。物珍しさもあって見学者は多く集まるのだが、演武で空手の形を披露する場面では、形の最後に奇声にも近い大声で気合を入れると、観客から笑いが起こったという。

空手を知らない人からすれば、ダンスなのか何なのかわからない一連の不思議な動きを見せられ、最後にいきなり耳をも裂くような甲高い奇声を聞かされれば、滑稽に見えてしまうのも仕方のないことであったのだろう。

しかしそれも束の間、その後に続く瓦割りや板割り、そして実戦に近い組手の演武では皆一様に驚き、拍手が沸き起こったという。

神前への礼

欧米で空手道が普及する際には、稽古の前後で行われる礼について、日本で行われている一般的な方法から宗教上の理由により変更せざるを得なかったようだ。

日本では自分が信じる神の有無にかかわらず、道場に神棚が祀ってあれば神前に礼をするし、体育館のような場所であれば正面とした方角に礼をするだろう。そして、稽古ができる場所への感謝の気持ちを表す。

ところが欧州ではいろいろな人種、宗教が混在しているので、自分の信じる神以外には頭を下げない人も多くいる。その結果、現在では世界中のほとんどの道場においては、その流派の流祖の写真を正面に置き、その先駆者に対して自分が稽古を継続することへの感謝の意を表す意味で礼をすることが一般的となった。

この祀られている神へ集団で礼を表す行動も、スポーツから考えれば不思議な行為である。スポーツの試合中に選手個人が自分のベストプレーを自身の信じる神に祈る場面はよく目にするが、全ての選手が揃って礼をするような場面は見ないであろう。オリンピックでは、祖国に忠誠なり貢献することを誓って選手全員が国歌を歌うことがあるが、武道を始めた人たちはこれに近い気持ちで道場に礼をしているのであろうか。

武道とスポーツの違いは、多くのことが挙げられるが、日本人なら伝統として普通に受け入れてしまうので、そこにどれほどの不思議な行為や制度が存在しているかを感じるのは容易ではない。

神前への礼は、欧米では流祖への礼とすることが一般的

しかし、欧州の人々はすぐに違いを感じるようである。そして、自分の始めたものをスポーツと混同してはいけないと思う人が多く現れる。さらに上達するほどに、制度の違いだけではなく精神性や哲学においても違いを感じはじめることとなるのだ。

武道の精神性と騎士道精神

私がフランスで指導をしている時、組手競技の元世界チャンピオンや欧州チャンピオンと一緒に稽古する機会が多くあった。最近の試合ではルールが厳格化され、試合中に鼻を折ったり、歯を失ったりということは減ったようだが、この元チャンピオンたちが現役であった時代は、それらが普通であった。

そういう環境にいたチャンピオンたちが皆、口を揃えて私に伝えることがある。それは日本の選手はどんなに血が出ていようが、酷い怪我をしていようが、試合中はそれを態度に表さない。それが凄いというか不思議に映っていたようである。

組手の試合ではコントロールされていない攻撃で相手を倒してしまった時は、攻撃を仕掛けた相手が反則負けとなるルールとなっていたので、さほどダメージがない攻撃を受けても、その場に倒れ込む演技をして反則勝ちの判定が出るまで続ける選手が出てくる時代もあった。そのため、テンカウントまでに立ち上がらなければ失格となる新たなルールが追加されたほどである。

ただ、このようにコントロールされない攻撃は反則というルールがある中でも、日本人選手は殴られても蹴られて怪我をしても、顔色一つ変えず立ち上がり、開始線に戻ってくる姿が美しいと思われたようである。

そういう不撓不屈《ふとうふくつ》の精神を目《ま》の当たりにして、欧州の空手家の中にはこれは自分たちの国にも以前は存在していた騎士道精神に通じるのではないかと感じはじめるものがいた。そのため、騎士道精神に通じる精神性を持つ武道にのめり込んでいった人も多くいたようである。

フランス空手道連盟の昇段審査で感じたこと

沖縄発祥の空手が日本の本土で発展していった経緯から、さらに日本から世界各国に普及していく状況について考えてみたい。これは、海外のスポーツが日本に紹介されるのとは真逆の状態である。このテーマについては、私自身による欧州での指導経験に基づいて、いくつか述べていきたい。

私はフランスに在住していたうちの10年間、国の公認団体であるフランス空手道連盟から公認昇段審査員を任命されていた。審査課目で必修の「フォネティック」（音声学と訳するのが良いのか）、その課目には私自身が苦労した覚えがある。

空手の基本移動の動作、三挙動分を審査員が受審者に日本語で伝えて、受審者はそれを直ちに理解して号令に合わせて三挙動分動作しなければならないのである。

例えば、「左前屈立ち下段払い、送り足四股立ち上段上げ受け、下がり足後屈立ち内受け」のような要領である。これらは全て各挙動の最終動作の形を説明しているのである。

これを日本語で聞いたり見たりするのなら簡単に理解できるのだが、昇段審査中はフランス人がフランス語訛りで三つの動作を日本語と思われる単語で早口に発するので、私には到底日本語には聞こえないのである。あえて文字に表すなら、「ヒッダリゼックツゲーダーバーライ」のような感じとなる。しかも、途中にフランス語の「オンスイット」（「続けて」という意味）」が混じり、間髪入れず「オークーリッシュアシチコダチアゲウケ」と続く。聞いて理解してイメージしている間に、すでに審査が終わってしまうのである。

しかし、この三挙動は初段からの昇段審査必修課目であるので、受審者はほぼ全員理解して反応している。そのフランス人の能力には驚かされた。

空手界では、フランスも含め世界中の国で空手用語が日本語そのままで使用されていて、やはり日本国伝来という事実に対して敬意を表しているのである。

しかしそれらの名称は、空手が日本本土に伝えられた後に作られた言葉か、あるいは沖縄の言葉かどうかについては、海外ではすでに理解されていない。

フランス空手道連盟では、それらの日本語を全ての空手家が正しく理解し、指導する際に誰もが使用できるように、昇段審査規定に日本語の空手用語発音が定義されている。

フランス人はどうやら、システムを構築することに長けている人種のようである。空手のように多様な流派があり、そこで使用されている言葉が異なるために統一の段位認定に支障があると判断されると、空手道連盟で日本語の技の単語を統一して、全ての受審者が公平に審査されるように整えることが容易にできてしまった。

新しいことを始める際のシステム構築力と、そのシステムに早く順応できる国民性にはいろいろなところで驚かされた。

特に国の大統領が変わった場合、急にルールが一変し、国民は一様に戸惑うのであるが、3ヶ月も経てば噂話が広がるように新しいルールが国中に伝播し、適応してしまうのである。この順応力には驚いたが、私自身もその国に住んでいたので。これが普通なのだろうと順応した。

日本においても、過度にお膳立てを行ってから新しいルールを施行せずとも、国民は順応できるのではないかと思えた。

またＷＫＦ（世界空手連盟）の競技ルールも、オリンピックを控えた時期には頻繁に変更や改良がされていた。それでも、欧州の審判員は毎年2月にフランスで行われるフランス全国大会において新たなルールが世界に向けていち早く紹介されるので、パニックに陥ることはなかったようだ。新しいルールをいち早く見聞きして自国に持ち帰り、他の国々に遅れを取らぬように素早く対応していたのである。

ただ、日本からも同じように審判が参加していたようだが、言葉の問題もあって、ルールが明文化されてから日本語に翻訳し、講習会を開いて説明する必要があるので、情報伝達速度は多少遅れてしまっていたようである。

フランス空手、和道流のための特別配慮

それと、フランスの昇段審査規定の課目ではもう一つ問題があった。審査で使用される空手用語が和道流で使われている用語と違うために、和道流を稽古している受審者は他流派の受審者よりも余計に言葉を覚えなければならないという問題だ。

一例を挙げると、「前屈立ち」は和道流では「順突き立ち」と呼ぶ。また、和道流では猫足立ちが二種類あり、真半身の猫足立ちと半身の猫足立ちがある。このように、一般的な流派とは違う用語が存在している。

ということから、和道流の多くの生徒からの要望により、用語の障壁をどうにかならないか連盟に掛け合ってもらうように相談をされた。そして、連盟で何か解決策はないか考えてもらった。その結果、昇段審査会では必ず三つの異なる流派の審査員が入っているので、和道流の生徒が受審する場合は、私や和道流系の審査員が和道流の用語を用いて審査を行えば良いということであった。

そして、フランス空手道連盟の昇段審査規定書にも和道流独自の技の名称も付け加えてもらえた。他流派の審査員に対しても、それらの用語が連盟公認であることを理解できるように配慮していただけたのである。

真半身の猫足立ち

半身の猫足立ち

空手家ファーストの柔軟で合理的な審査

ここで、フランス空手道連盟昇段審査が大体どのような形式で行われるか少々説明をしてみたい。大きくは三つの課目に分かれていて、基本移動、形、組手である。日本で一般的に行われている方法とさほど変わらない。

ただし、フランスの場合は基本移動審査が、基本の動作の正確さに加え、音声学である日本語理解と反応の二種類に審査項目が分かれている。それらを別々に審査し、最後に総合的評価が下される。

審査会場はアリーナ内が大体六カ所ぐらいに仕切られていて、一つの課目審査が終わると次の審査課目に受審者たちが移動していくのである。

二つ目の課目である形の審査は、二つの形を演武しなければならないが、一つはいくつかある審査形リストの中から無作為に選ばれる。選び方は審査席に準備されている番号付きの札から一枚を引き、そこに書かれている形になる。

フランス・パリ講習会にて。欧州では武術としての空手への関心も高い

もう一つの形は、リストの中から自分で事前に準備してきた形である。ただし、この形の演武途中で審査員が演武を止めて、その前後三挙動分の動作の意味、用法を説明するように指令が出る。そこで受審者は、自分で連れてきた相手か受審番号前後の相手を選び、その相手に三挙動分に必要な攻撃の動作を伝え、その場で直ちに意味用法を披露しなければならない。

しかもこの指令は一つの形につき二、三ヶ所指定されるので、受審者は形一つ分、全ての応用方法（フランスではこれを分解と呼んでいた）を完璧に準備していなければならない。本番では、どの箇所で止められるかわからないので、受審者は必死に稽古をしてくる。

また、上手く演武できたとしても、その応用方法が形の動作と著しくかけ離れていたり、説明方法が強引だった場合は合格点をもらうことは難しい。

三つ目の課目は組手である。組手はミットに対して突き蹴りのコンビネーション技を仕掛け、その技の正確さや迫力、そして威力があるかを評価される。そしてその後に、一般的に行われている模擬試合によって、実際的な間の取り方、フェイントなど、組手に必要な要素が身に付いているかどうかを審査される。

全ての審査が終わった時点で、三つの課目、全て合格点の基準を満たしていれば正式に合格を伝えられる。

また不合格になったとしても、三つの課目のどの課目が合格点に達していなかったのかが伝えられ、次回受審時には他の合格した課目は免除となり、不合格だった課目のみクリアできれば合格となる。

フランスでは空手を稽古する者全員が空手道連盟に会員登録をしており、そこで発行される会員手帳に、試合出場記録、昇段記録、講習会参加記録などが全て記録として残されるようになっている。そのため、昇段審査で次回持ち越しの課目があっても、問題なく前述のように処理してもらえるのである。

また昇段審査には、組手競技を専門に稽古している選手向けに特化した、空手選手用の昇段審査も用意されている。

世界の段位制度

柔道や空手道などの武道では、稽古年数を重ねていくと、その上達具合によって昇級・昇段し、帯の色が変わっていくシステムがある。これもスポーツでは見られない制度である。そして昇段して黒帯を取得したら、一生黒帯となる制度である（一部の武道流派では、黒帯の上に紅白帯や赤帯なども存在する）。

元々、帯の色は、白、茶、黒帯の三種類くらいしかなかったものが、いつの間にか全国の武道場内にカラフルな色帯が出現し、お花畑か虹の麓《ふもと》のような光景に変わった。

昨今では帯の色数だけでは足らず、次の色に変わるまでの階級分別のため、帯に別の色の紐を縫い付けたり、星形の模様を色帯に縫い付けてその数を増やしたりと、道場ごとに工夫が凝らされている。

このように、武道で階級が上がっていく制度は、世界的に受け入れられたようである。さらに、アメリカの空手団体の中には、十段位制を遥かに通り越して最高段を三十段とした団体があったと聞いたことがある。「私は空手二十八段です」という具合である。

現在は、世界的に十段が最高段位となっている風潮なので、いきなり二十八段と聞くと笑ってしまいそうだが、実際は十段位制でなくてはならないというルールはないので、各団体自由に決められる。

日本の空手も１９６０年代前半頃までは五段位制を採用していて、五段位が最高段位となっていた。しかし、多くの空手家が継続して修行するに伴い、高段位に達する者が増え始めたので十段位制に変更した経緯がある。

アメリカの三十段位制は現在多数派の十段位制から見れば異様に思えるが、実現不可能なシステムではない。もし大多数の団体が三十段位制や百段位制になったらば、

イギリス冬合宿にて免状を渡す二代宗家（中央）と塩満政文先生（右）

十段位制での十段はどのように見られてしまうのだろうか。武道間の国際基準はないので、十段にはどのような価値があるのか、日本が武道の国際基準を設定しなければならないと思う。

なお、和道流二代宗家は、「九段に祀られたらもう終わりです」、とよく冗談を言っていた。これは東京の九段下にある靖国神社の聖霊に敬意を表し、九段の後に十段はありえないという意味だと私は理解していた。

実際に和道流は十段位が最高段位だが、いまだかつて十段になった者はいない。

第3章

空手の「突き」を極める

「だから、なぜ、どうして」

和道流において流祖から常に伝えられている考え方に「だから、なぜ、どうしてと常に疑問を持て」ということがある。この言葉は空手の技術のみではなく、物事全般を常に考えろということであると私は理解している。

自身がどのような状況に置かれたとしても、常に考え答えを出そうと試みる努力をすること。教わったこと、経験したこと、知識として持たなければならないことなど、受け取ったままの意味を素直に受け入れるのではなく、それらが本当に意味することは何であるかを考え抜いて納得、理解した上で受け入れろということである。

このような行為は、良くいえば思慮深いといえるが、やはり天邪鬼的に偏屈扱いされても仕方ないかもしれない。ただ、物事を極めていく上ではそのようなスタンスが必要なのであろう。

本章と次章では、和道流の三代目を継承する私が、自ら疑問を持って考え抜き、理解に達した空手の術理を述べていきたい。

パンチではない突き

空手で日々稽古されている基本の突き方、形の中で動作される突き方、それらは実戦に際して即有効となる突き方をしていない。

一方でボクシングの場合は、はじめから基本で習うパンチの打ち方は実際に試合で使用する時と同じように指導される。試合で勝つまでの練習期間を短縮するためだろうか。

しかし空手においては一般的に、拳の握り方から、引き手の取り方、構えの高さ、そして突きが決まる時の腕の伸ばし方、というように形式的な部分から指導される。

これは、空手が暴力や闘争を第一目的にしていないからなのか。とにかく、基本の

基本の逆突き

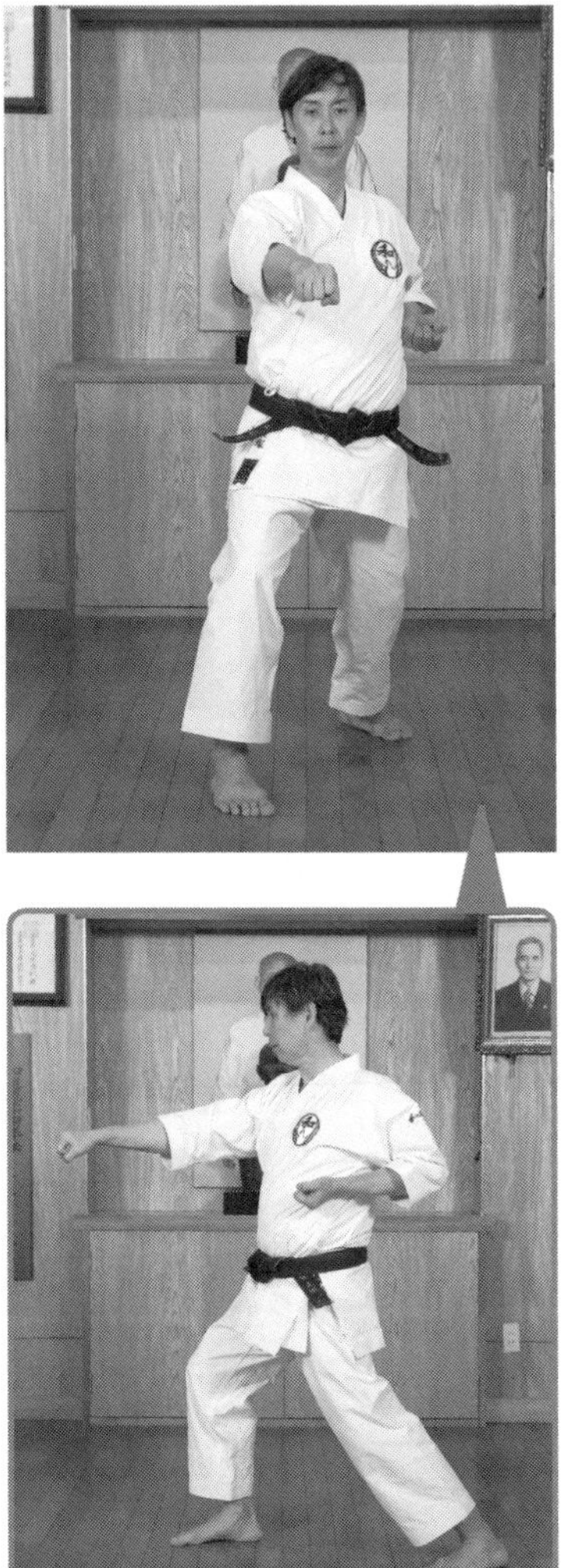

基本の順突き

ままでは実戦には不向きな突き方を指導され、それを黒帯になってからも同じように基本の突き方として追求していくのである。

そもそも、空手の「突き」という名称は、どこから発生したのだろうか。

一般的にパンチを表す言葉は、「打つ」や「殴る」などが使われる。「突く」といえば、剣や棒などの武器で真っ直ぐに突き刺す動作を表現することが多い。

ただ、以前から沖縄空手では突くという概念があったと聞いたことがあり、興味深いところだ。

鋭角に突き刺す

「突く」ということは、対象物に対して当てる角度、方向が一直線であることが重要である。

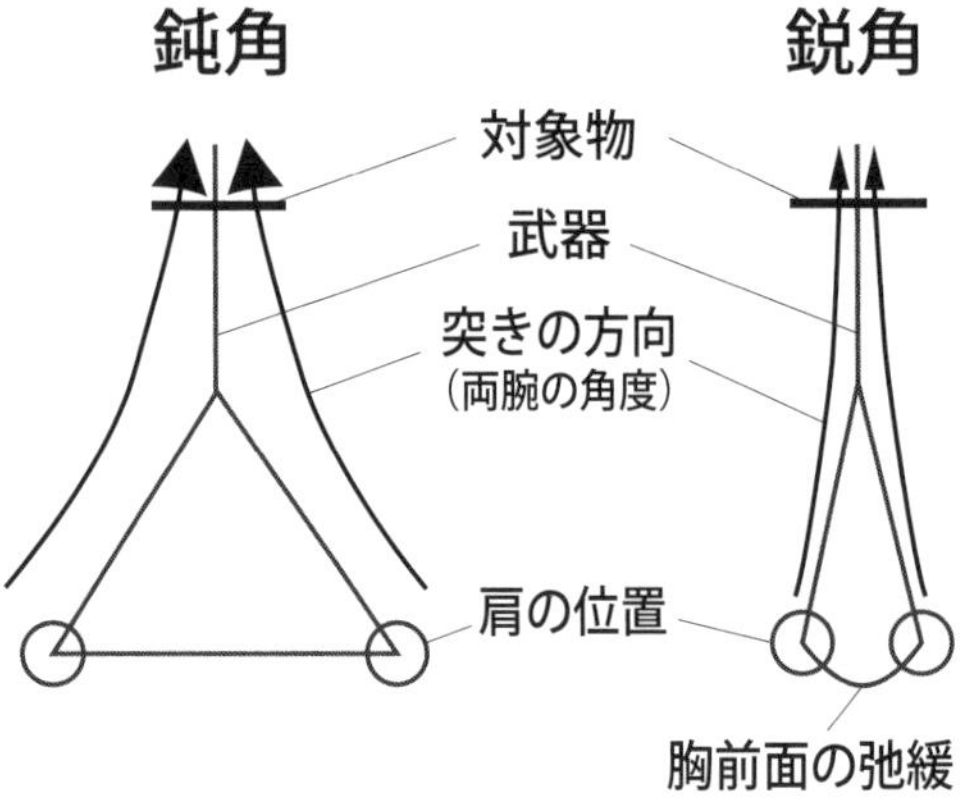

突きの際に、胴体から出す腕の角度

また、武器で突く時は、武器と両腕の関係も重要となる。武器と両腕がなるべく一直線上に位置しているほうが突き刺す動作効率が上がる。武器を持つ両腕の角度が広がってしまうと、対象物と接触した時の角度が鈍角になり、突き抜く威力が弱くなる。

極力鋭角に突き抜くことで、そこに加わる重さも一点に乗せやすくなる。剣尖の突く範囲は、面ではなく点に近くなるほど、突きの威力が増大する。

ところが、両腕の角度を武器と一

直線上にすることは、人間にとって難しい。他の四肢動物と比べて、人間の肩幅は広すぎるからである。

四足歩行の動物は、前足が地面を蹴る時に生じる反作用は自身の体内に返ってくる。反作用を体全部で支えるために、肩甲骨、腕の骨から手のひらまでの筋群が地面と垂直に近い角度になっている。

これに比べて人間は、二足歩行を獲得した時から両腕と肩の位置関係が、地面と平行の方向、つまり横方向に広がっている。また肩周りに付随する筋群、棘上筋《きょくじょうきん》、棘下《きょくか》筋《きん》、小円筋、大円筋、肩甲下筋、菱形筋《りょうけいきん》なども横方向に伸びている。

これら筋群が横方向に延びている状態で両腕に武器を所持した場合、武器の角度に対して両腕の角度が鈍角になる。それを鋭角に近い角度に両腕の位置を変えるには、両肩の位置を腕の側面から胸の前面に移動させなければならない。

そのため、棘上筋、棘下筋、小円筋、大円筋、肩甲下筋、菱形筋など横方向に延びている筋群を対象物の方向、縦の方向に変えなければならない。しかし実際のところ、簡単にはできないのだ。

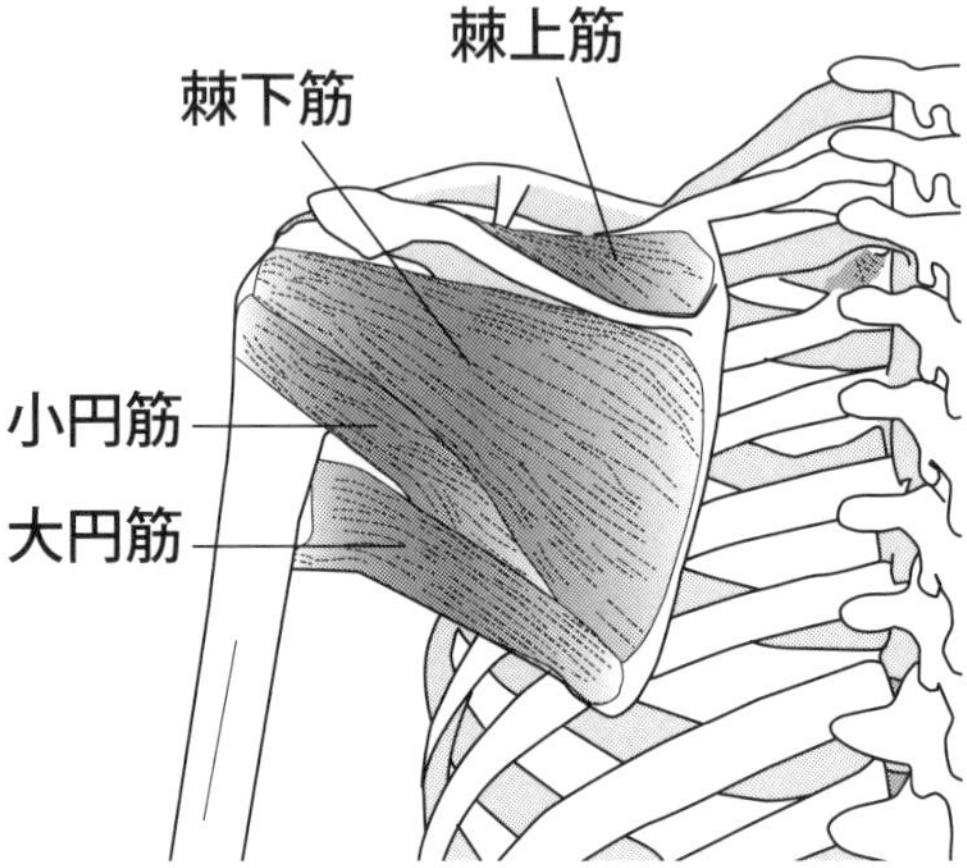

肩周りの筋肉は、横方向に広がっている

人間の腕は地面を押し出す行為から解放されて自由になったので、複雑な動作もこなせるように進化した。そして自由に両腕を巧みに操るために、背中周りの筋群だけでは動作に制限が掛かるので、胸周りの筋群も発達し、全方向に腕を動かせるように体の形状が進化した。

しかし全方向に動かせるのは肩から手に掛けての腕だけで、肩から体本体の部分を自由に動かすためには、その箇所を再教育しなければならない。その方法を知らなければ、両腕両肩を胸の前面に移動させた時、胸側に付いている筋肉群が硬直して、両肩の移動運動をブロックしてしまう。

この再教育プログラムを組み込めるのは人間だけのようで、四足歩行の動物が前肢を大きく横に広げ、「私の胸に飛び込んできなさい」というポーズを取っているのを見たことがない。鎖骨が多少なりともある動物は横方向に前肢を広げられるようだが、人間のように１８０度かそれ以上の角度まで広げることはできない。

両肩を胸の前面に移動させる再教育とは、まず、両胸の側面にある小胸筋と胸の大部分を占める大胸筋を緩め、背中側の筋群の動きに干渉させないことである。同時に、肩甲骨間にある菱形筋をゆっくりと左右に伸ばし、棘上筋、棘下筋、小円筋、大円筋、肩甲下筋等の深層筋群を緩めて、極力対象物方向に向ける、これだけのことである。

肩周りの筋肉が柔らかい水泳選手が肩甲骨を自由に動かしているのを見たことがあるが、それと同じ運動方法である。

突く際の足のスタンス

突きの動作でうまく両肩を胸の前面に移動できたとしても、両足を横方向に開いている状態だと、実際の攻防動作で不利となる。

空手のその場突き稽古では、ナイハンチ立ちや四股立ちのように横方向に開いた状態で行うことがある。この稽古も実戦的ではない。この立ち方では、突いた時に自身に返ってくる反作用を両踵だけで受け止めることが難しく、反作用を抑えきれずに後方に飛ばされてしまう。両足を横方向に開いた状態で戦えるのは、私が知る限りではカンガルーのみである。カンガルーは尻尾と両足を含めた三点が支点となるので可能だといえる。

そこで、両足を前後に開き、突きや受けで生じる反作用を後ろ足裏全体で受け止めなければ体勢を安定できない。

しかも、両肩が胸の前方に位置していなければ、力の均衡を維持できなくなる。

このように、両足を前後に開いて構えや突き動作を行う方法は、空手だけではなく、武器を所持する剣術等でも同じ原理となる。拳尖の代わりに切っ先と後ろ足裏間の入出力が通りやすい体勢を維持しなければならない。

四股立ちでの、その場突き稽古

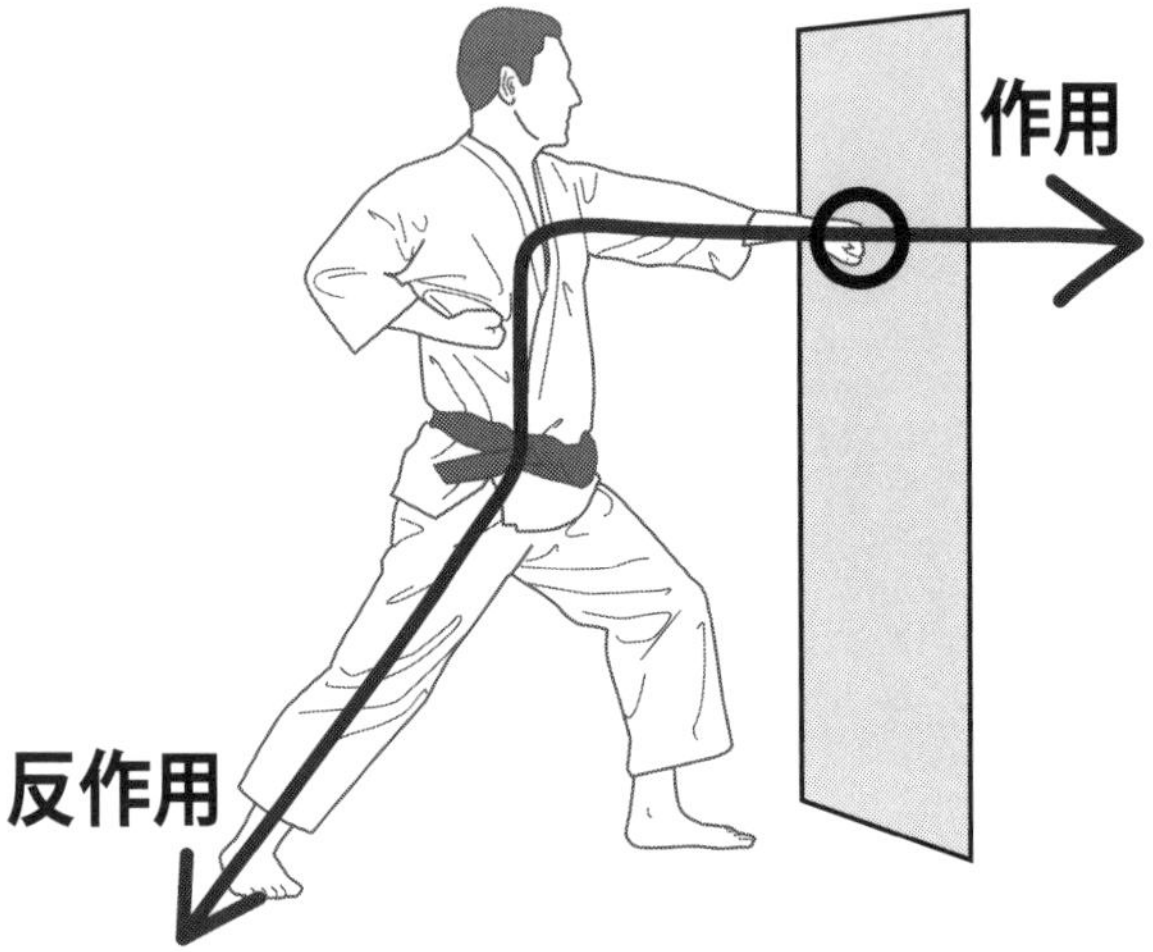

突きで生じる反作用は、後ろ足裏全体で受け止める

足のスタンスと突き腕の角度

しかし両足を前後に開く半身の体勢を取ることで、また一つ問題が生じる。後ろ足側の肩と腕の位置の問題である。

両足を横方向に開いている状態では、両肩を胸の前方に移動させる動作は左右均等に行うために比較的容易である。しかし、片足を後ろに引くと両肩を維持する力の均衡が崩れ、後ろ側の肩の位置を胸の前に維持することが困難になる。

肩の位置が胸の横に移動している状態で武器の柄を握っていると、武器と腕の角度が鈍角になる。そうなると武器と自身の一体感がなくなってしまう。

両足を前後に開いた空手の基本突き練習では、後方の肩は引き手を取るために、完全に後方に位置している。これは日本武道にはない稽古様式であり、実戦的な構え方とは言い難い。

では、片足を一歩後ろに引いた状態で両肩を胸の前に位置するためには、どうしたら良いのか。これは、腰の角度と胸から上の角度の問題となる。

人間は何も考えずに片足を後ろに引いて半身に構えた場合、背骨の胸椎、腰椎、仙骨、尾骨までが一体として同じ方向に回旋しやすい。首から上だけは独立して前方を見続けることはできるが、首から下は全て繋がったように反応してしまう。

そこで、半身の姿勢で両肩の位置を胸の前に維持するために、極力胸が正面を向くようにする。つまり、胸椎から上の部位は正面を向いている状態に維持させて、胸椎から下の腰椎の部位を後方に捻るのである。

ここまでは骨を基本にした考えだが、骨をベースにすると本体に力が生まれない。その骨の周りに付随している筋肉も同時に捻らなければならない。しかも、骨格に直接触れている部分が多い深層筋群を捻ることが重要である。

そして、捻りと同時に上下の圧縮が必要となる。この圧縮率を高めることにより体幹をしっかりと保ち、体を捻った状態でも安定した姿勢が維持できる。

アナトミートレイン（筋連結）という考え方があるが、これは、筋肉同士は体中に張られた筋膜と筋肉の網を通じて姿勢と動作の安定を図っているという考え方である。その中でも体の捻り方については、スパイラルラインと呼ばれる体中を螺旋状に取り巻いている筋膜群を操作することにより、連結部を上手く操る。

螺旋状に筋群を操作するには、対になる筋肉群を上下左右、斜めの方向に「丹田《たんでん》」と呼ばれている部位を中心に行う必要がある。それは、原子核のモデル図のようなイメージになると私自身は感じている。

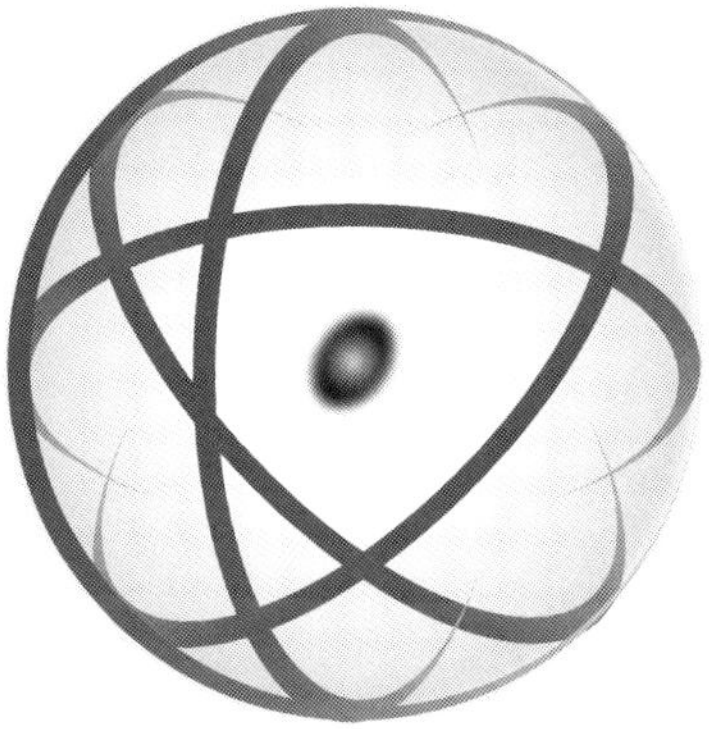
原子核のイメージ

丹田には特定の筋肉は存在していないので、想像上の場所ではあるが、特定の筋肉群を丹田方向に圧縮することにより、そこに重力を備えた球状の想像物が現れる感覚を得る。その感覚で得た箇所を中心に、各部を必要な方向に操作するのである。その操作方法は一方向の場合もあれば、逆方向に同時に操作したり、円運動であれば180度操作した反対側で衝突させて、そ

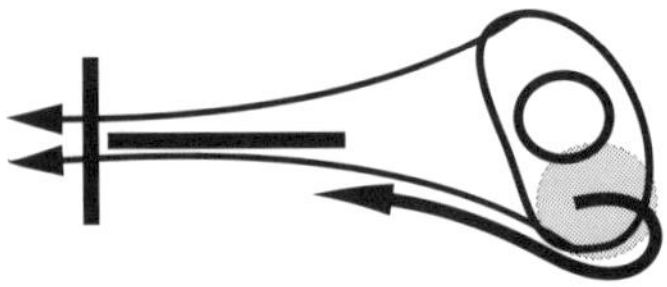

真上から見ると

剣の突きでは両腕が中心に寄るが、空手の逆突きもこれと同じ原理で、後ろ側半身を巻き込み回旋して突く。

の反発力を使用する場合もある。

突きを放つ過程のはじめにこのような丹田の動きがある。そして、体の巻き込み運動に付随して腕が自然に前方へ押し出される動作となる。しかも、巻き込む動作では体半分を腰と脇腹の間で収縮させる動きが必要となるので、体表面側の体積が小さくなる。すると自然に両腕が中心に寄り、突きが対象物に垂直に当たり威力を増大させる。

この動作原理は空手の逆突きも同じで、体全体の重さを拳に乗せることが可能となる。

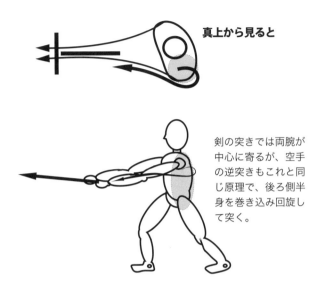

第4章

「形」の内面を知る

伸筋優位の状態を保つ

形を稽古する上で、体の外側（形の外面）については比較的容易に真似することが可能である。しかし体の内側（形の内面）については、外から見ているだけではどのようになっているかはわからない。

バレエダンサーが舞台上で立っている姿と、人がバスを待つ姿は同じ立ち姿のようであっても明らかに違いを見て取れると思う。またスポーツ選手が攻撃に転じる時の待機姿勢も、ただ腰を屈めて低い姿勢を取っているだけには見えない。意識して立つことと無意識に立つことの間には大きな違いがある。

形の中の各動作も次の挙動へ速やかに移るために、体内の状態を変化させておく必要がある。これは無意識にバスを待っている体勢ではなく、臨機応変に即座に動ける姿勢でなければならない。

動くためには、脳からの指令を筋肉に伝えるが、次の動作を強く意識しすぎると体全体が硬直し、逆に早く動けなくなってしまうことがある。これは身構えている状態である。しかし和道流の形や組手では、これとは違う姿勢を維持する。身構えてしまうと、体の外側の筋肉が硬直する屈筋優位の状態になりがちなのだ。

身体には、収縮して力を出す方法と伸張して出す方法の二通りがある。腕を曲げて力こぶを出す時は、収縮して屈筋優位の状態で力を作っている。一方で、前方から押される力に対抗して腕を突っ張って抵抗する時には、伸筋優位な状態になる。和道流の構えでは、伸筋が優位な状態で構えられるように体の内部を調整する。

また伸筋優位の状態によって、身体全体を過度に緊張させることなく楽な姿勢で構えられる。屈筋を使う時には呼吸を止めなければ力を出しにくいのに対し、伸筋は複式呼吸を調整することによって、長い時間、同じ体勢を維持できるからである。長い時間呼吸を止めていれば、体には相当な負担がかかり疲労も激しくなる。

関節間の伸張

伸筋優位で構えるためには、各関節間、もしくは関節をまたいでいる筋肉や筋膜を伸張させれば良い。そこで一番はじめに重要な操作が、丹田の辺りを中心に向かって圧縮することである。

ただし、丹田自体は概念であり筋肉ではないので、その周辺に付随している筋群を体の中心に向かって圧縮をかける要領となる。上半身は下方向に、下半身は上方向に、体の中心部に向かって力を集約する。

この動作だけだと寒い日に体が縮こまるような状態になるので、中心に集めた力を緩めることなく、上下左右360度方向に体を伸張させていく。

その中心部から分け与えられた伸張によって、大腿部では膝をつま先方向に曲げると同時に股関節方向に腰の回転を調整して引っ張り戻す。すると膝下から足首も伸張された状態になり、同時に丹田方向にも引き戻しているので、丹田の圧縮も緩まない

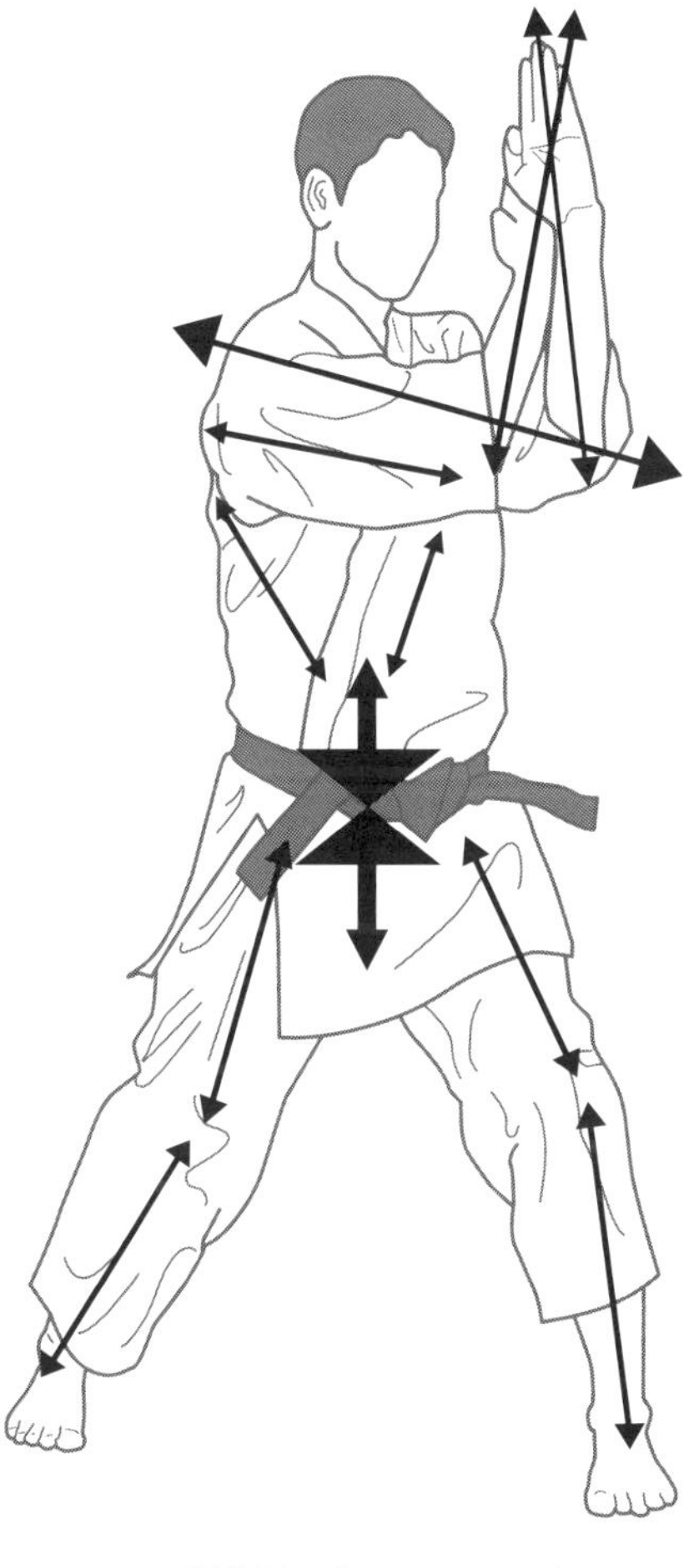

関節間の伸張のイメージ

状態を作り出せる。

また、腰椎を伸展して骨盤を前傾させることにより、背筋が伸びた状態になり、それがお腹周りの体幹を上方向に伸張させる。そして、丹田と水月の間が上下に引っ張られる状態になる。

それらの伸張力を腕に繋げる操作は難しいが、基本的に腕が外側に向かって伸びている状態では肩甲骨を外側に開き、引き手など腕を縮めて背中側に引いている状態では小胸筋を引いて肩甲骨を内側に締めるようにする。

腕を外側に伸ばしている状態の時は肘を体から遠くに離し、肩甲骨を外側に移動することにより、その伸張力が背中を通じて腰椎との間で引っ張り合い、自然と腕と体が固定される状態を維持できる。

そして、肘から指先にかけての伸張は、尺側手根伸筋《しゃくそくしゅこんしんきん》、短橈側手根伸筋《たんとうそくしゅこんしんきん》、長橈側手《ちょうとうそくしゅ》根伸筋《こんしんきん》を上腕部内で上下方向に同時に捻る操作によって、手首から指先までが伸張し、手首と上腕部が固定される。上腕部を捻る方向は、使う技の形により内捻り、外捻りと変化するが、その捻り伸ばす動作が他の関節間の伸張と連結する。

尺側手根伸筋

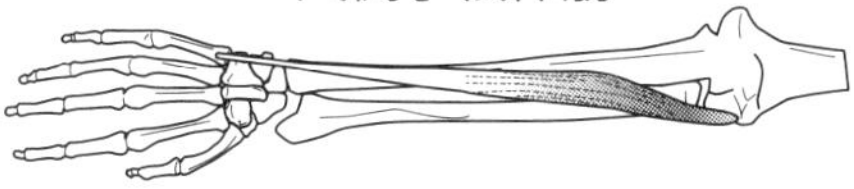

短橈側手根伸筋

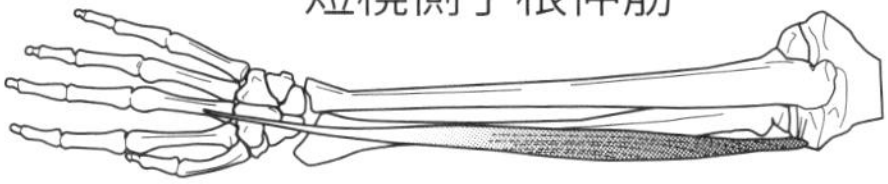

長橈側手根伸筋

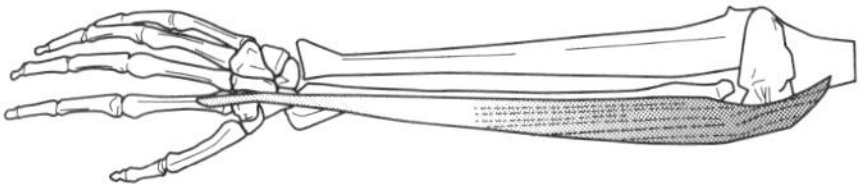

体の外側に伸張する全ての力の反作用が、丹田の圧縮部に繋がる。外側に伸びる力と内側に引っ張られる力が均衡することにより、形が固定され、力強い繋がりが感じられる構えとなるのだ。

体幹部の捻り

体幹部を捻る方法としては、まず体の外面から内面に向かって腰周りを捻るが、丹田部中央の体軸を直接捻るようにする。しかし腰周りの腸腰筋群は瞬間の動きには反応し難いので、はじめはゆっくり回転し、筋群が絞られる感覚を持った時点から速度を上げて捻り込むべきである。

まず、体軸が一方向に捻り込まれた状態で、丹田部が固定された感覚を持つ。それから、絞られた体軸の感覚を緩めないようにして、上下左右斜めの最低八方向に逆回転を加え、体全体を膨張させるような操作を加える。

体の膨張感覚は、関節間の伸張との連動が重要となる。体軸を絞った状態で逆回転を加え、さらに各関節間の伸張に連動させることで、身体全体に張りの状態を作る。

体の張りとは、建築構造やテント、あるいは凧《たこ》、弦楽器の弦のようなイメージである。

これによって構えに張りが現れ、即座に緩めたり張ったりすることで動きがスムー

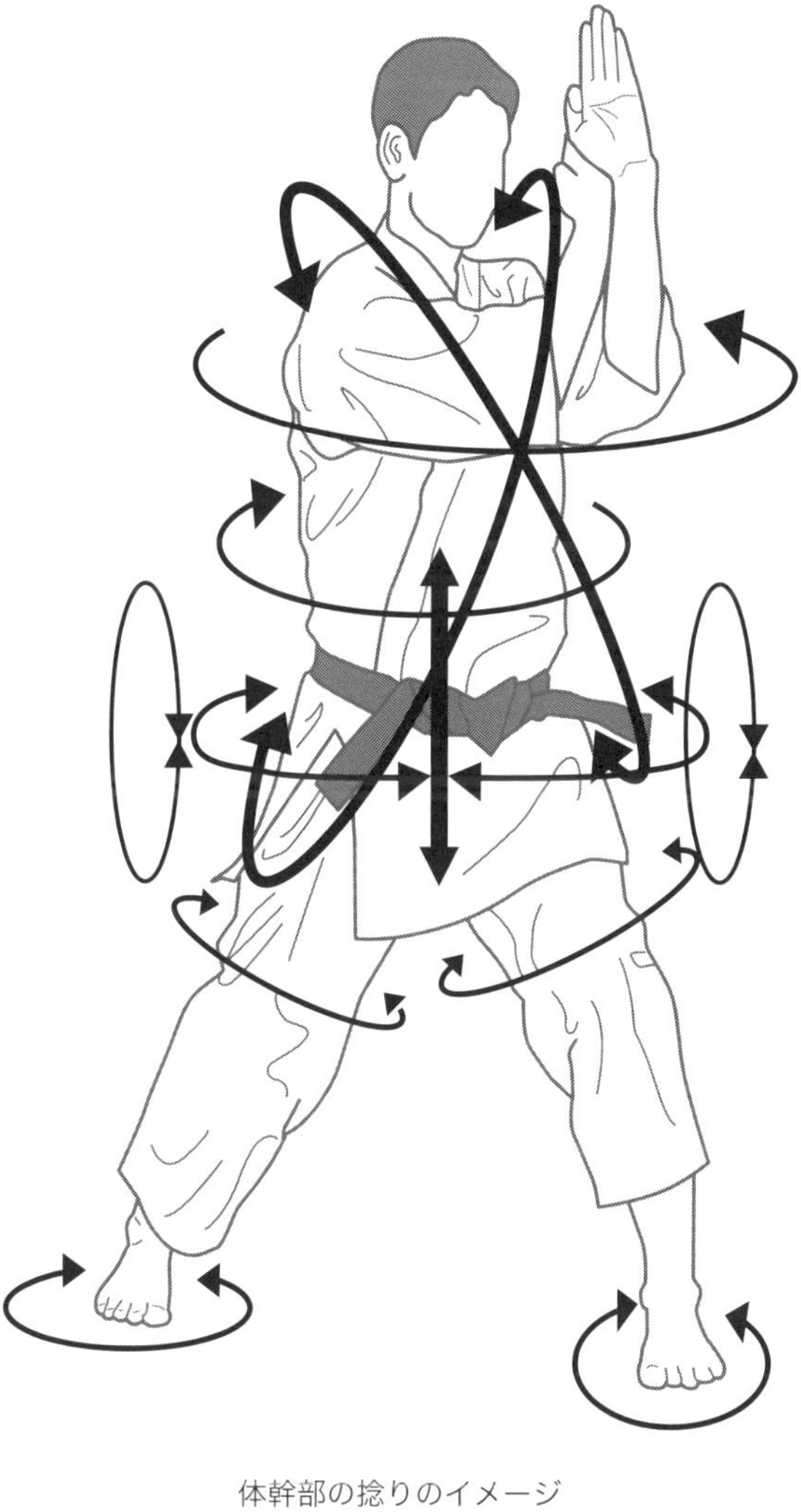

体幹部の捻りのイメージ

ズになる。そして、0から100の力に瞬時に反応することが可能となる。形の演武では初動作が速くなり、極めの時には動作を確実に制御できるようになる。

また、余分な筋力を使うと張りの均整が崩れてしまうので、最小限の力と筋群で制御して、体全体の中心部を通る細い線だけを張り出す操作が必要となる。手首、肘、膝、足首のように曲がっている部分もあるので、中央部を通る線をその形状に合わせて体軸と繋げる操作が必要となる。

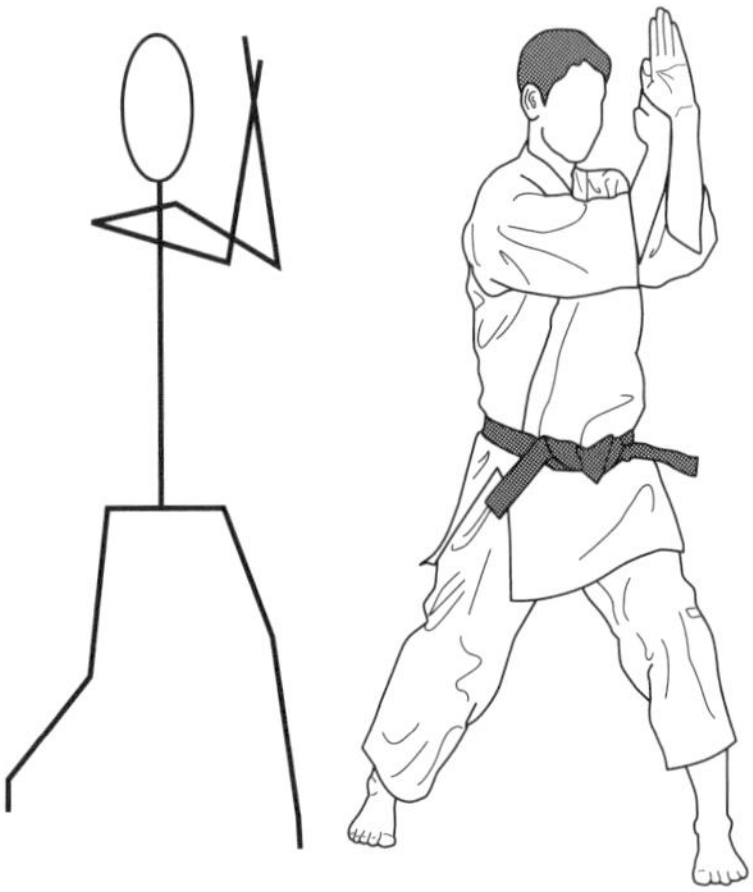

身体中心線の張りのイメージ（棒人間）

身体中心線の張りを図にすれば、人体構造を簡単に描く丸と線だけで表せる。

体軸に巻き付いている紐《ひも》が左右均等に張られていれば、体軸の回転方向が均整を取

外面には現れなくとも、身体内面では様々な操作を伴っている

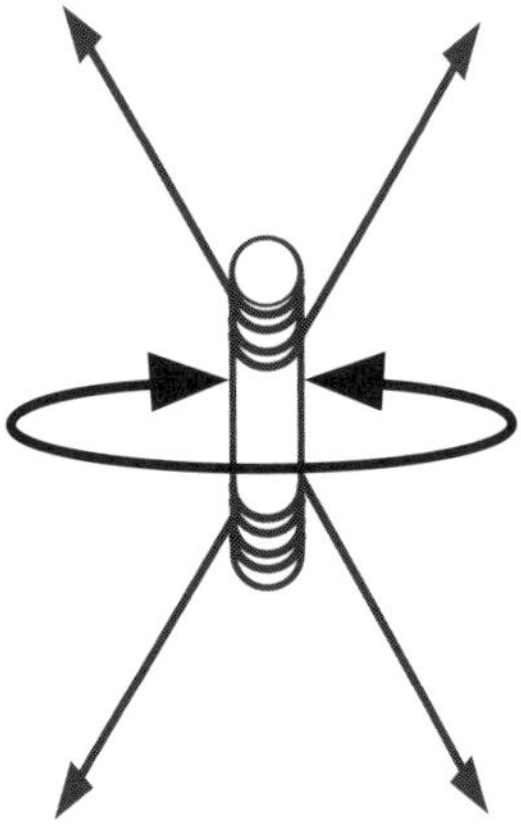

体軸に巻き付いた紐のイメージ

り、両方向に引っ張られた状態で留めておける。そこから技に移る時、技を出す方向に他の方向よりも強めに体軸の回転を与えるか、張りを解放すれば、矢が弓から放たれるようにして、力の伝達によって末端に力がない状態でも速く動作できる。

　これが体で動くことであり、肩に力を入れないことにも繋がる。そして、無駄のない綺麗な動きになる。

　無駄な力、無駄な技を排し、それが和道流の形に現れるように稽古することが、和道流を探求することとなる。

第5章

和道流に伝わる独自技法

剣術に通じる突っ込み

和道流の基本移動稽古の中にも、ほとんどの空手流派で行われる順突き、逆突きは存在する。これらは流派によって呼称が違う場合はあるが、同様の移動基本技である。

しかし、和道流では、それら以外に順突きと逆突きの突っ込みも稽古されている。これらは、他流派においてはあまり馴染みのない技術であろう。

突っ込みとは、前傾姿勢で行う基本動作である。前傾姿勢を取る利点としては、攻撃時に通常の基本動作よりも長く間合いを取れることである。

通常の順突き立ちでは、体中心軸が垂直に直立した状態で突くが、順突きの突っ込みでは中心軸が前傾した分、遠くを突くことができるのである。攻撃距離が伸びるということは、実戦において有利に働く。

また、攻撃を加えたことで相手から戻ってくる反作用を自身の体で吸収するには、通常の順突きでは肩と足で曲線として入力された力を吸収するために体勢作りが複雑になる。一方、順突きの突っ込み体勢では、攻撃を加えた拳から踵の裏側まで反作用を斜め直線で吸収できるので、力の伝達効率が良くなる。

剣術の刀法についても、抜き付けや切り付け時においては比較的、体中心軸を垂直に保ち動作することが多い。これは体軸を左右に動作する場合に、自己の重心を物打

順突きの突っ込み

逆突きの突っ込み

ち部に乗せやすいからだろう。真っ向に切る動作は、剣を振りかぶった状態では体が上下に伸張しているが、剣を振り下ろすと同時に下に収縮する。その力を利用して切る。振り下ろした力を直接上下方向に伝えるには、体中心軸が垂直に立っているほう

剣の抜き付け

剣の切り付け

剣の突き技

が効率的だ。

しかし剣術においても、突き技に関しては、和道流空手道の突っ込みの姿勢と同じように前傾姿勢で動作することがある。これは、反作用を体内で吸収するためには、重心を乗せる刀の切先から踵の裏側までが斜め直線になっている体勢は効率が良いからである。

ただし、この突っ込み動作の難点として、右前で動作した時に左半身が後方に回転しやすいことがある。手に刀を所持している場合、突きの最後の極めの時に左手の内を締めることが、突きの威力を出す重要な動作となる。右前で突いた場合、左半身の胸部から上が手の内の締めに伴い自然に前方に練られ、重心を安定させやすくなる。

それに比べて、和道流の順突きの突っ込みでは右前で突きを行う場合、左手は引き手に取るので、突きの螺旋運動に連動して体全体が左向きに回転しやすくなってしまう。

だから、胸部から上の上半身は、剣術の左手絞り突きでの左手の締めの要領で練りの状態を作り、重心安定性を高めなければならない。しかし、剣術の突きと同じ状態で突きを行うことは容易ではない。

二代宗家が稽古中によく言っていた。「日常生活で行わない動作は、不自然な動きと認識されるが、それを鍛錬することで自然な動作になる」と。空手のみならず、スポーツ全般の動きも、ボールを投げる、蹴る、バットやラケットで打つ、あるいは空中で回転するなど多くの動きは、そのスポーツを行わない人にとっては不自然な動きである。しかし、練習を続ければ大抵の人が習得できる動作である。限界は自身の頭の中の問題なので、その考えを外してしまえばすぐにでも限界を超えられる。

しかしながら、体は不器用な場合が多いので、わかっているけれども動かせないことが多々ある。不自然と自然は、脳が先に覚えるか体が先に覚えるかに関係すると思う。最終的には両方同時に行えるようにならなければいけないのである。

「流す、往なす、乗る」の「流す」とは

「流す、往《い》なす、乗る」と「転位、転体、転技」は、和道流の技で常に複合的に使用する動作の、身体各所の動作を個別的に呼称した技術の名称である。

まず、「流す」とは、相手の攻撃に対してその攻撃方向を変えることなく、身体の一部を攻撃線の境界に楔《くさび》を打ち込むように差し入れ、そこを支点として転位、転体を用いて自身の体を攻撃線からずらし、回避することである。

例えば川の中に立っている時、上流から丸太の先端部分が自分の方向に向いて流れてきたとして、丸太の前に自身が立っていては、ぶつかって自身も流されてしまう。そこで丸太を避けなければならないが、丸太と自身の間に、ある程度の距離があれば横に移動して衝突を回避すれば良い。しかし、丸太との距離がゼロに近い場合、まずは丸太を押さえなければならないであろう。

ただ、先端を押さえたとすれば、丸太は横向きになって自身に向かってくる可能性がある。

そこで「流す」動作では、丸太の先端を手で押さえたとしても丸太の先端方向を変えずに、自身だけが丸太先端の横幅分だけ移動する。つまり、丸太の流れる方向を変えずに丸太をやり過ごすような動きである。

流す方向は、内、外、前、後と、どの方向でも可能でなければならないが、楔を打った防御箇所との接点から楔がずれることなく、接点を維持できるだけの力を残し、転位や転体を行うことが重要である。

流す

相手の中段突きを受け流すと同時に裏打ち

相手の前蹴りを受け流すと同時に掌底打ち

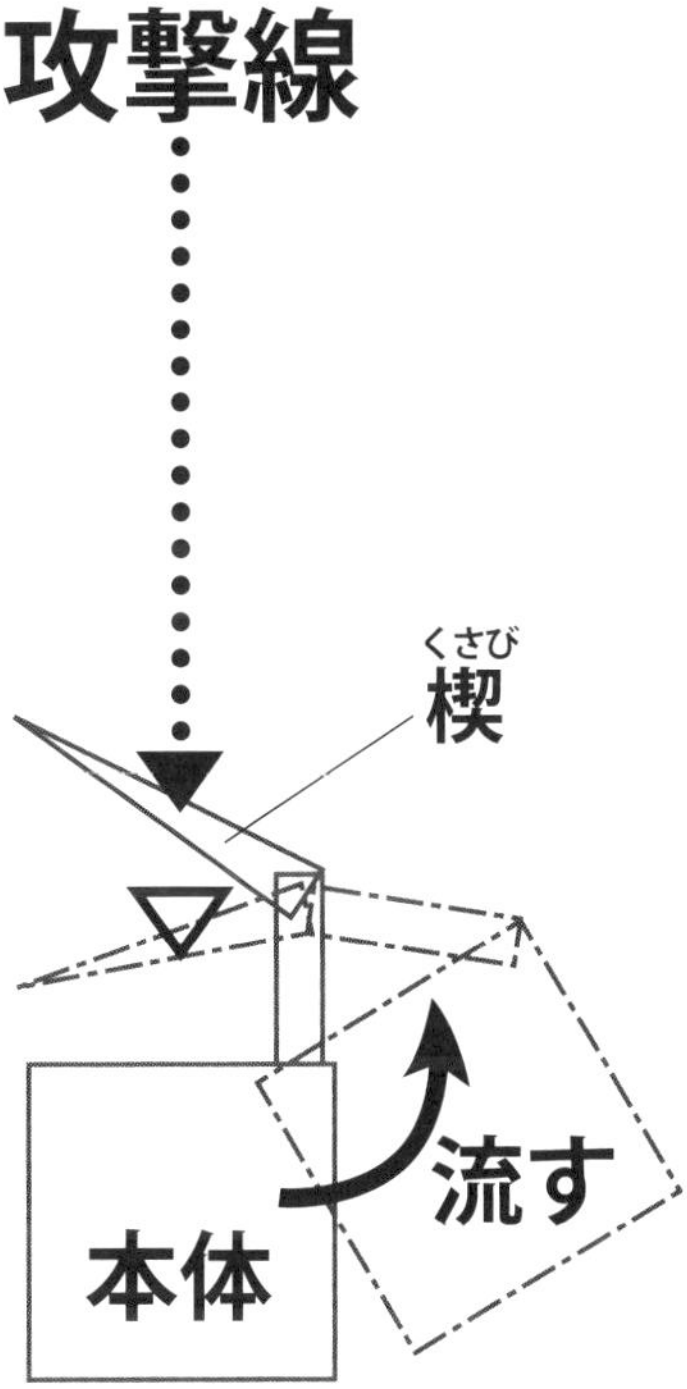

「流す、往なす、乗る」の「往なす」とは

「往なす」とは、二代宗家の解説のよれば商売の心得と同様だという。

物を売る店員は、客が買い物に来たら心地良く買い物ができるように店内へ引き入れる。会話で心を通じ合わせ、客が何を求めているのか理解した上で商品を勧め、満足して購入できるように心掛ける。客が店を出る時には、納得した気持ちで店員に背を向けて帰っていただく。

その一連の店員の行為が、「往なす」ということである。

相手の攻撃が当たったと思わせる程度に自身の中に引き入れ、その攻撃に接触して防御し、接点を通じて相手の攻撃目的を理解する。攻撃方向に適した方向に誘導し、自身の本体は攻撃を受けない安全な場所へ移動する。

その際、誘導方向に必要以上の力を加えず、相手は気付かないうちに方向を定められてしまう。重心を自然に崩すように操作し、相手が気付いた時には結果の状態に納

往なす

相手の中段突きを往なし、手甲での打ち

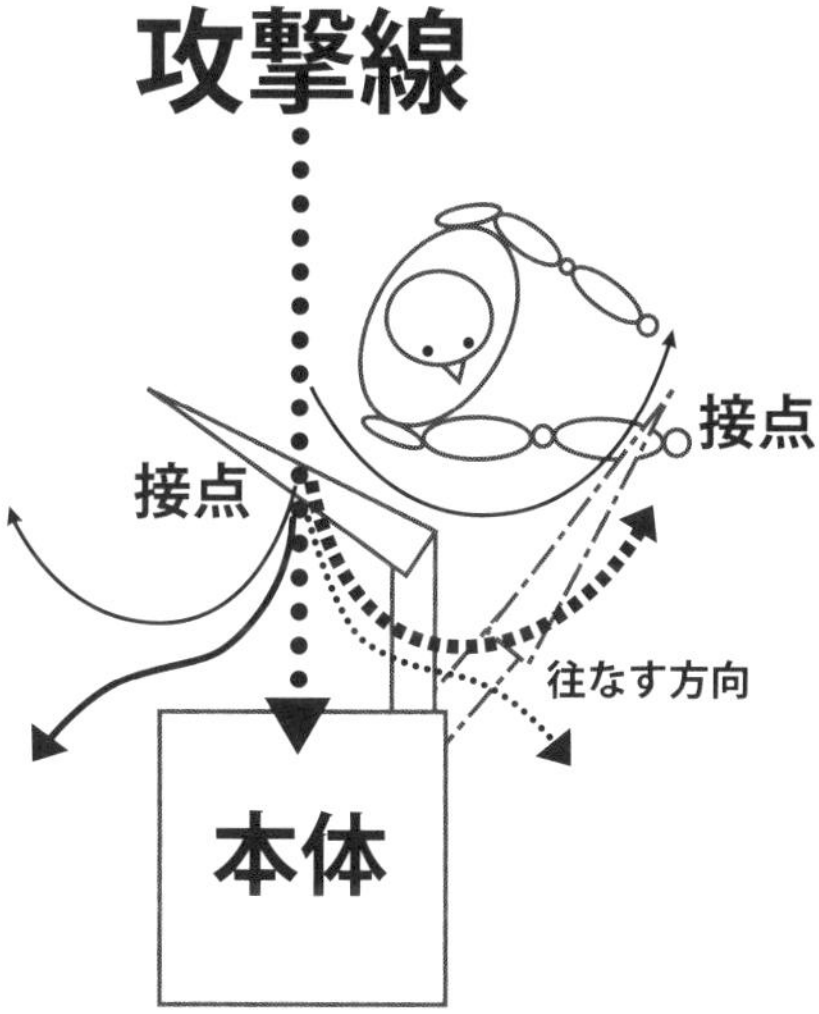

前蹴りの蹴り足に柔らかく触れて往なす

得してしまう技といえよう。

「往なす」技にも転位、転体は必要である。「流す」では、相手との接点を作った時点で流すが、「往なす」では、転位、転体に伴って接点も往なしやすい方向に移動する。

しかし、この時点で方向を変えるために必要以上の力を接点に加えてしまうと、相手は軸を崩されないように抵抗し全身を緊張させてしまう。そのため、相手の重心を崩して方向転換させた後も、接点を維持できるだけの力を相手に与え続ける。

「流す、往なす、乗る」の「乗る」とは

そこで、「乗る」という動作は、「流す」や「往なす」を成立させるために、相手との接点を維持し続けるための力を相手に与え続けて、接点が離れないように力加減を調整することになる。

力の調整とは、自身の体重の何パーセントかを接点に移動することであり、それが必要以上だと、「乗る」とは違う「押す」になり、使えない技になる。

また、相手の体のどの箇所に「乗る」のかということも重要である。

相手の重心を崩しやすい箇所に接点を作れば、少ない体重移動で相手の中心軸を垂直に保てない状況へと導ける。

これを、三角錐を指で押して形を崩す状況にたとえて、解説してみよう。三角錐状の構造物が卓上に置かれている状況で、ある程度の重さをその物体に加えると壊れてしまうとする。

三角錐の頂点から垂直に真下方向に押した時、押した力は三角錐の側面と底辺全体に均等に伝わるので、抵抗力は大きくなる。しかし、頂点から斜め下方向に向かって斜角に押した場合は、力の伝わり方は三角錐の一面とその正三角形の底辺の位置方向にほとんどの力が加わるために、抵抗力は先ほどよりも弱くなる。

今度は、頂点ではなく側面に力を加えたとすれば、頂点のような一点ではなく、面に力を加えることになり、三角形の一面のみに重さを伝えやすくなる。その結果、面で寄り添って立っている三角錐の一面のみを崩せば、軽い力で崩せる。

また、側面を押す方向を斜め下向きに押すのか真横か斜め上に押すのかで、構造物を崩すための重さの移動割合も変わり、必要な力を少なくできる。

人体構造は骨格と筋肉でできており、様々な姿勢ごとに脆弱な箇所と方向が必ず存在する。そこに的確な体重移動の割合と圧力方向を加える動作が、「乗る」なのである。

相手の突き攻撃に焦点を当てれば、拳に圧力を掛ける時と、肘部分または肩の付け根に圧力を掛ける場合では、加重割合を変えなければならない。肩近辺に「乗る」割合と同じ程度を拳に加えると、拳のほうが抵抗力が低いために、乗せた動作はスッポ抜けるか滑り落ちてしまうだろう。

肩周辺は、体本体に近いために圧力に対する抵抗力が強い。そこに「乗る」動作を行う場合、体重差にもよるが、一方向に圧力を掛けるだけでは加重割合の限界を超えてしまうので、中心軸を崩すことが難しい。そのような場合には、圧力を掛ける方向を変え、「流す」「往なす」動作を混合することで、相手が一方向に抵抗力を維持する力を拡散させる。

乗る

相手の前手に上から乗った場合

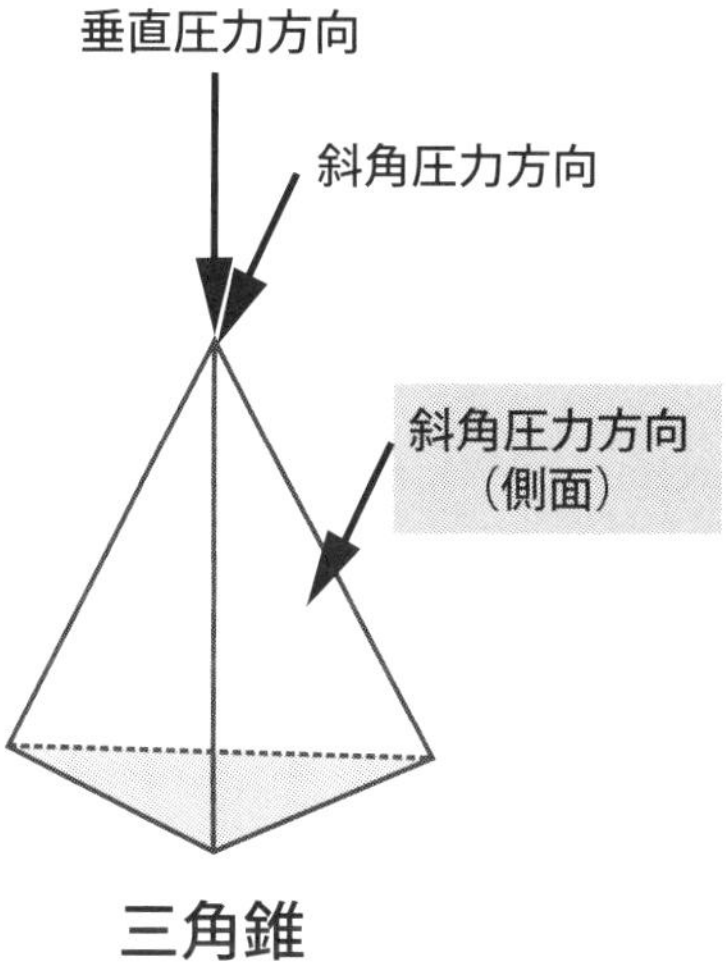

相手の前手の外側に乗った場合

加重の限界を超える前に圧力方向を二、三回変えることで、抵抗維持する方向を判断し難い状態にし、「乗る」割合も最小限の力に抑えることができる。

そして、全ての動作で接点を点ではなく面として、できる限り広範囲を接触したほうが重さ、もしくは圧力を与えやすくなる。そして、小さい加重で相手の軸を崩せるのである。

「転位、転体、転技」の「転位」とは

「転位、転体、転技」は字義通りの意味で、「転位」は位置移動、「転体」は体の回転、「転技」は技に転じる時のタイミングである。

基本の移動稽古で行われる順突き基本移動、逆突き基本移動などは、一歩ずつ前進して位置を移動しながら行うが、これらを順突き転位や逆突き転位とは呼ばない。「転

位」の意味は、単なる位置の移動ではないからだ。

移動とは自分の位置を他の場所へ動かす行為であり、ある目的地へ出掛けるための長距離移動を表す場合が多い。その場合、足を交互に動かして移動する。一方、技の中で使われる転位は、足を交互に動かす必要はない場合が多い。

昔から稽古中に使われる転位を示す言葉は、「体で動け」が近いと思われる。しかし、抽象的な表現のため、本当に意味するところを察することは難しいだろう。「それは、体で動いていない」と言われても、何が違うのか考えてしまうかもしれない。

転位は、足自体で移動するのではない。腰の練り、圧縮、膨張動作を伴って、中心軸が位置を変えなければならない。それが体で動くということである。

それは、ゴム製のスーパーボールが床に叩きつけられて弾む運動と似ている。スーパーボールは床に叩きつけられると中心に向かって圧力が掛かり、潰された形を元に戻そうと反発し膨張する。叩きつける際に捻りを加えれば、練り戻しの力もそれに加わる。それら一連のボールの内部で起こっている動きが位置を移動する力を作る。

これを自身の体内でも同じように行うのである。足の力を利用して移動するのでは

転位

相手の逆突きに対して、「往なし」を伴って「転位」した場合

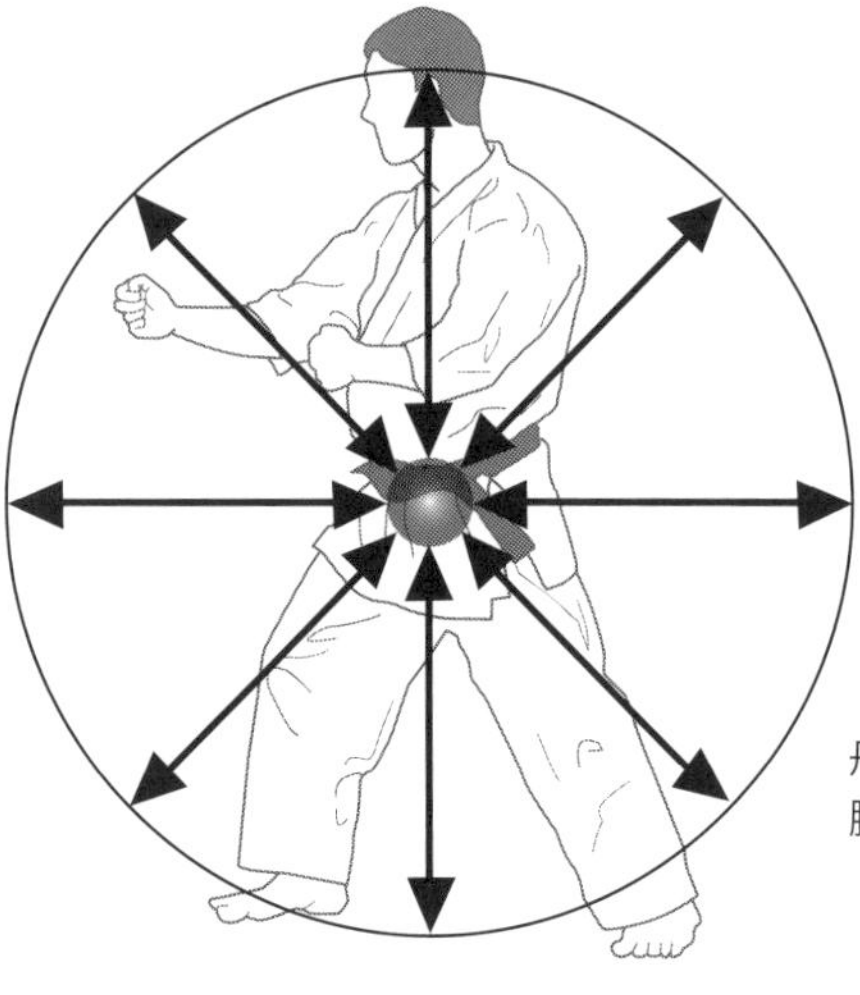

丹田への圧縮と
膨張のイメージ

なく、丹田辺りにスーパーボール状の物が存在すると想像して、そこに圧縮する力を加え、それが形を戻そうと膨張する力を利用し、その力を丹田から体全体へと伝え、位置を変える。

この転位方法は、投げつける角度を鈍角にすると、転位幅も長くすることができる。この一連の動作では、基本的に足を交互に動かさなくても体の中心軸の移動は可能となる。

「転位、転体、転技」の「転体」とは

「転体」の意味するところは、体の回転である。しかし、どこを回転させれば良いのだろうか。体全体を同時に回すのか、下半身を先に回して、その後に上半身を回すのか、またはその逆か。体を回転するにはいろいろな方法がある。

結論から言えば、一度に全体を回すよりも、体をいくつかに区切って、力を与える箇所に一番近いところから順番に回すほうが、より少ない力で全体を回転させることができる。

例えば、大縄跳びの両端を別々の人が持ち縄を回す場合、相当な労力を使って両端の人が腕を大きく回したほうが、跳ぶ人は跳びやすいだろう。しかし、ただ縄を楽に回すだけなら、縄の持ち手近辺に小さく円運動を加えれば、それが徐々に縄全体に伝わり、少ない労力で縄全体を回せる。

転体の運動もこれと同様に、丹田を中心として回転運動を始めれば、それが小さな力だとしても、結果として大きな力となる。

転体で一番初めに必要となるのが、丹田への圧縮と膨張、そして練りの運動である。これは、原始的な火の起こし方である「まいぎり式」の仕組みにも通じる。回転する火切棒に紐が螺旋上に巻かれ、その紐と繋がった横棒を下に押し付けることで火切棒が回転するが、この押し付ける動作が圧縮である。その力を緩めた時、自然と上方向に横棒が戻ろうとする力が膨張である。そして、圧縮する際に紐に加わる力が練り運動である。これらを体内部で行うイメージが転体運動といえる。

転体

相手の前蹴りに対して、「往なし」を伴って「転体」した場合

「転位、転体、転技」の「転技」とは

「転技」は、単体で行っても攻撃力は強くならない。相手の隙がある位置に体を転位し、同時に、転体によって転技の動力を作る。そして、最後に技を繰り出すという順序である。これを三位一体、一拍子で行う。

転体から転技までの間に、関節間に緩みがあってはならない。緩みとは、乗用車のハンドル操作とタイヤの動きに少し遊びがあることと同じである。

転技の場合は、緩みや遊びの状態を必要としない。転体が始まった瞬間、拳先や足先までの各関節間が同調していなければならない。自動車でいえばＦ１のレーシングカー同様、ハンドル操作が直にタイヤに直結しているようなものである。

緩みや遊びがあると、なぜ良くないのか。攻撃が相手に当たる瞬間まで、転位、転体で得た力を相手に伝える体勢を整えたいからである。しかし関節間に緩みがある限り、反作用の力、自身の体内に戻ろうとする力が、その先に伝わらない。例えば突き

の場合、肘関節に緩みがあれば、戻る力は肘の部分で止まり、突きには拳から肘までの重さしか伝えられない。

転技

「転体」から即、手甲による打ち技（「転技」の一例）

ロボットにはない身体操作の可能性

ここでの話は大体が筋肉レベルでの解説だが、これらを科学的に分析するにはさらなる科学の進歩により、人体の不思議が解明されなければならないであろう。

武術の体の使い方を正確に数値化し、その数値の通りに動けば誰もが同様の動作をできるようになるのか。ロボットに数値を入力すれば同じ要領で体を動かす日はくるのだろうか。

ロボットも昨今では、人間や動物に近い動きができるまで発展した。しかし、まだロボット的な動きは残っているようだ。その人間的でない部分こそ、解明されていない人体の不思議なのではないか。

人間は無意識と意識の動作を何か始める度に、脳と体が連携し、骨格や筋肉、呼吸、体の圧縮伸張、捻りや膨張など、多様な動きを駆使している。

さらに、観の目や遠山の目付、勘の領域など、脳と体の意識が関係する心の部分が加わって、本人にもよくわからない複雑なシステムとなっている。

そこにゆらぎのような不確定な数値が入ることで、統計学だけでは処理しきれなくなるであろう。

それら全ての数値に変換できないことをできるように稽古をし、探究していくことが武道なのではないか。

武術にはまだ科学で数値化できない複雑な身体操作があると考えられる

第6章

流派極意の形「チントウ」とは

和道流を代表する形

和道流には基本形を含め16の形がある。他の空手流派と比べると16は少ないようである。

流祖が冨名腰先生の道場に通って空手を修行しはじめた大正11年頃は、形が通例の稽古方法であった。先生が形を披露し、それを記憶して同じ動きができるように何度も反復して一つ一つの形を習得する方法だ。その際、技の使用方法の解説はなかったようである。とにかく、形の動きを習得し自分の体に馴染ませることが目的だったのだろう。

また当時の形では、現在の形競技のように気迫、態度、残心、正確さ、俊敏性等々は求められていなかったようである。

流祖が冨名腰先生から教えられた形は、平安形五つ、公相君、ナイハンチ、セイシャン、チントウの九つの形だったようである。これらの形が冨名腰先生が当時、日本本土に持ち込んだ形のほとんどだったらしい。

それ以外の形については、大正15年に流祖が独立して独自の空手となる和道流を形成する過程で、糸東流《しとうりゅう》の摩文仁賢和《まぶにけんわ》先生や首里手・泊手《とまりて》の本部朝基《もとぶちょうき》先生との出会いの中で獲得した形であった。多い時では、30~40の形を習得していたという。

しかし、多くの形を習得しても、初めに習得した九つの形と比べてさほど新しく複雑な動作が見出せずにいたようだ。そのため、バッサイ、ジオン、ニーセーシ、ジッテ、ローハイ、ワンシュウを取り入れた計16の形（基本形を含む）を和道流として稽古することに落ち着いた。

中でも初めの九つの形を十分に稽古し、各動作の意味用法を理解するほうが、多くの形を覚えるよりも効果的であると考えた。そのため、チントウまでの九つの形に重点を置いた。

流祖が書いた『空手道　第一巻』で、形については次のように記されている。

「平安の五つの形のうち二段の形が比較的構成が平易であるため普通最初はこの形から稽古に入る。人によってはピンアンをヘイアンと発音し二段の形を初段とし初段を二段と入れかえているが、私は発音も形の順序ももとのままで行なっている。かえるのも一つの方便にすぎないので、どちらでもよいと思う。平安の次には公相君（クーシャンクー）の形に入るのが順序である。公相君というのは支那の武官の姓名で約220年前に伝えたといわれている。この形はほとんど平安の諸動作を組み入れた形で（年代からみて平安は公相君から採り入れたとも考えられる）、相手を左右前後に想像して動作の変化を敏捷軽快になす形である。次は空手特有の立ち方で動作をするナイハンチの形に入るが、この立ち方は日本武道にはない。一般に行なわれているのは糸洲流の形であるが、今はそれも大部くずれて相撲の四股の形で行なわれている。本来はけっしてそうでなくやはり空手特有の立ち方で行なわれていた。踏み込む動作は体を左右に移動する時だけであった。これは糸洲という空手家が偉軀の持主でかつ力量衆に勝れていた体格からきたようである。ナイハンチ特有の立ち脚を用いず四股の立ち脚で使うなら、形の最も重要な主目的を失い何の意味もなさない。四股の立ち脚で踏み込みをするなら、むしろ相撲の四股を踏む練習をすべきである。技はそれぞれ特徴を持つものであるから、その特徴を錬磨すべきである。私は泊の松邨という空手家の伝えられたといわれているナイハンチを採用している。一寸目には勇壮に見えないが非常にむずかしく、一生やってもでき得ないとさえいわれている。このナイハンチを稽古すればするほどむずかしいが、実に深い味がある。そして応用諸動作には絶対に欠かすことのできない基礎動作である。首里派の空手家はこれを町人手とかあるいは百姓手などといって蔑んだそうである。たとえそれが百姓手であろうが町人手であろうが好いものは好いので私はあえてこれを採用しているのである。これも糸洲派と同じく初段、二段、三段と三つ形があるが、特有の立ち脚で腰を切っても脚をくずさないのが主目的であるから、初段だけで腰の切りのほとんどない二段、三段は必要がない。さらにこの立ち脚で軽く柔らかに前後左右に移動を採り入れたセイシャンの練習に入るのが順序である。次に公相君とセイシャンをチントウに採り入れて練習するのが順序として適正である。結局チントウに熟達すればそれでよいということになる。他の形はチントウに入るまでの手段と考えてもよいのである。私は以上九つの形だけを採り入れている。形の数を望んだり形の種類をたくさん覚える事が上達と心得ている者があるが、それは誤りである。昔時は秘密にした関係もあるがたいてい二つか三つしか知らなかったそうである。一つの形でさえそれを活かしてつかうことは容易なことではない。数を覚える前にまず活きた形を使うことに心がけて錬磨せねばならない。」（大塚 1970, 61-62）

ここには、チントウさえ熟達すれば良いと書かれているが、チントウのみを稽古すれば良いということではないと、付け加えておきたい。チントウに到達するまでの稽古過程において、腰の練り方、重心の落とし方、上半身の使い方、体の回転方法、呼吸の使い方など、いろいろな要素を理解した上で、チントウを習得するということである。

なお、流祖が形の研究を進めていた段階で、動作の意味用法については、教えを請うた先生から答えを得られない点が多かった。不明な動作については、足首や手首、体幹などの鍛錬のための動作とした。また、左右の腕で異なる動きを同時に行い、実戦での使用は困難と推測される動作については、実戦では左右の腕を別々に使って応用すると決めた。

そして、沖縄の先生から直接答えを得られた箇所についてはそのまま技の解説として採用し、答えを得られなかった箇所については形の動きとは紐付けせず、独自に創作した和道流の稽古体系の中に密かに組み入れた。

形競技の第一指定形となる

全日本空手道連盟の前身団体である日本空手道連合会は、昭和36年11月19日、両国日大講堂において第1回全国空手道選手権大会を開催した。その大会は組手試合と共に形試合もあり、連合会では毎年形試合を行っていた。

しかし、全日本空手道連盟が発足された昭和39年より連合が併合され、全日本空手道選手権大会が開催されるようになった。そして第1回選手権が開かれた昭和44年には形試合は採用されず、昭和48年の第3回から女子形試合のみが加えられた、その後、男子形試合は昭和51年の第5回大会で初めて採用されたのである。

そのため各流派や大学での大会において、組手試合のみが行われる場合が多く、形試合はあまり盛んではなかった。

とはいえ、昭和51年の全日本空手道選手権大会に男女形試合が揃って採用されてからは、徐々に空手界全体に形試合採用の機運も高まり、流派によっては多彩な形を披露する場が増えていった。

しかし、形の種類が少ない流派もあるため、それによって不利にならないように全日本空手道連盟が第一指定型を制定し、予選では各流派から決められた第一指定型のリスト内で選ばれた形を披露することになった。

チントウは、和道流において最難度の形として位置付けられている。そのため、全日本空手道連盟が形競技のルール設定をした時、和道流からはチントウとセイシャンが第一指定型に登録されたのである。

形「チントウ」の動作解説

◆立ち方（結び立ち）

両踵を合わせ、足先を適度に開いて立つ。

両腕は手を開いて大腿部前面に軽く置き、攻撃を受けた時に即座に反応できる態勢に心構える。

用意の姿勢に移る際は左足を先に左右均等に開き、自然体になる。左右開く際は、中心線は結び立ちの軸からぶれない。

※本文中に使われている立ち方や受け方の呼称は、解説を簡要にするために仮に使用した呼称であり、必ずしも和道流の正式呼称ではない。

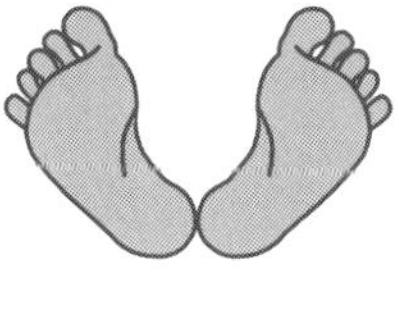

◆用意の姿勢

用意の姿勢は自然体の歩幅であり、両内くるぶしの間隔は約1足長半となす。

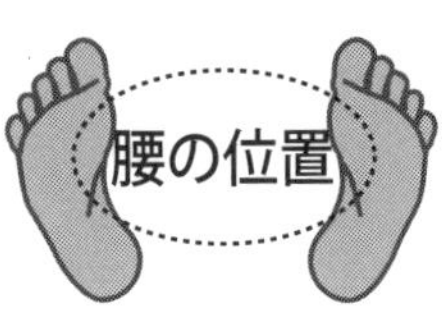

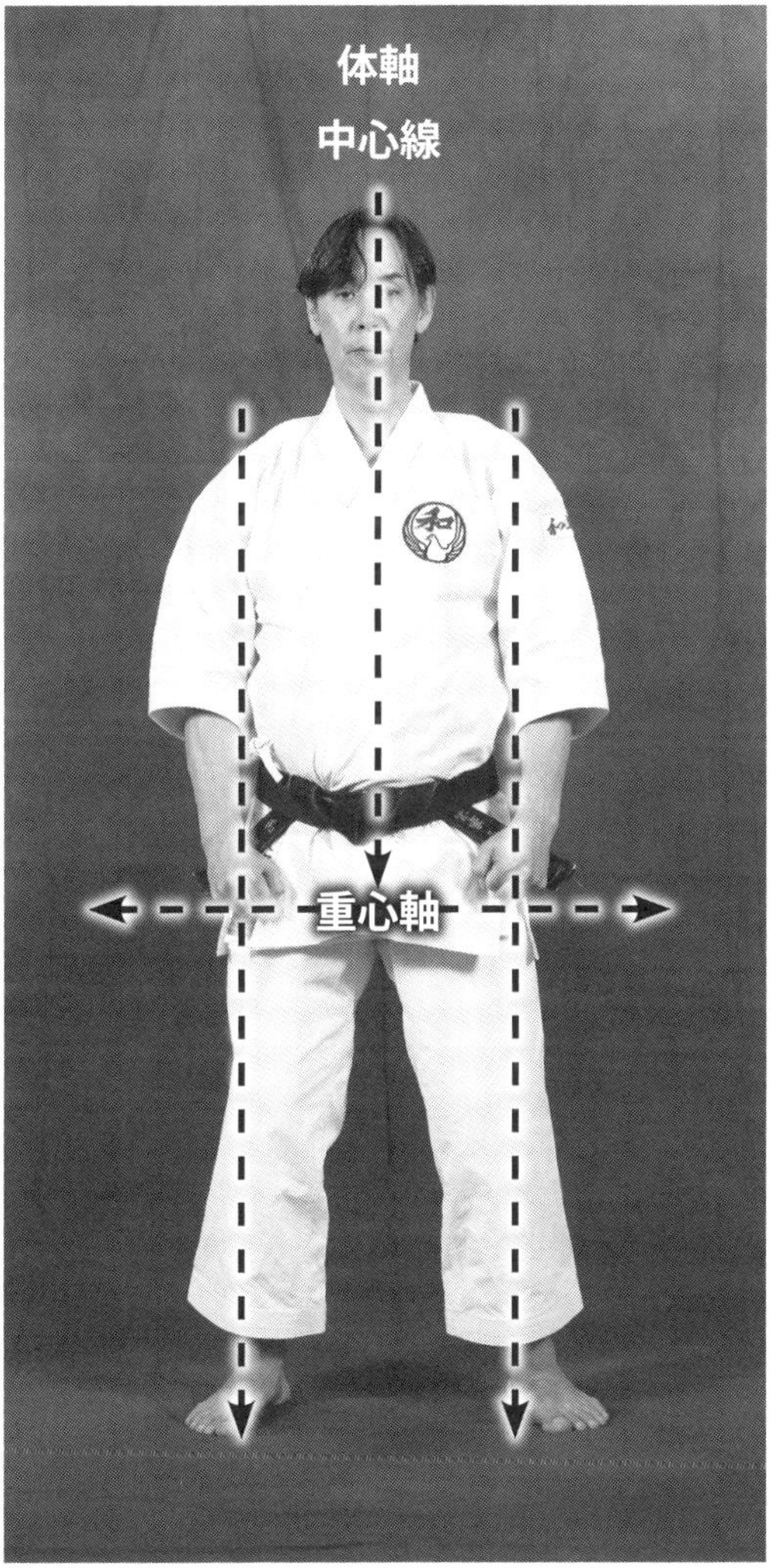

◆自然体

両足の中心が両肩のほぼ垂直下にある。これは大腿骨が効率良く体重を支えられる中間幅である。両拳は両腿の前方で拳を軽く握る。

左外腕、右内腕受け流し、縦平行立ち

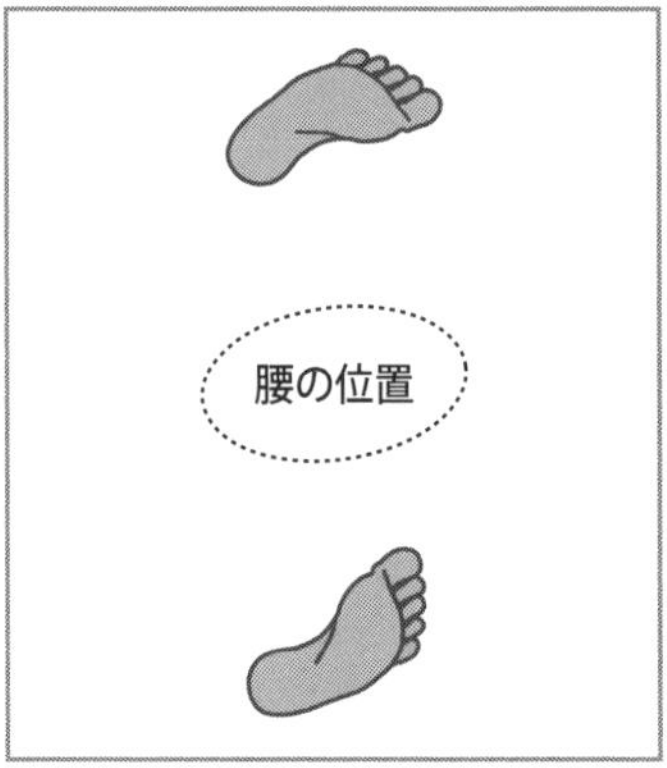

縦平行立ち

自然体から第一挙動に移行する際、重心軸は垂直に落としながら右腰転体にて右足の後方移動に繋げる。

体軸の移動中は腰が開くが、軸が決まると同時に前方に締める。両足平行に立ち、足幅は四股立ち程度となす。

両足先の角度は左右股関節の締めで決まるが、ほぼ45度で平行に前後に開く。体軸中心は両足幅の中間点にある。

内腕、外腕受け流しは、自分側手前に引かない。

ほぼ側面方向に受け、体軸の後方移動に伴い引き込む感覚が生じるように操作する。

Point! 手刀、内腕、外腕について

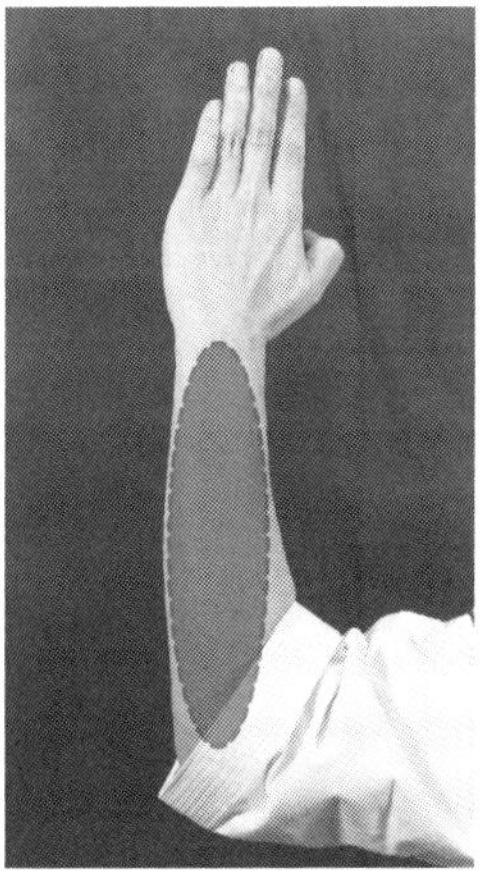

外腕は前腕部甲側の部位

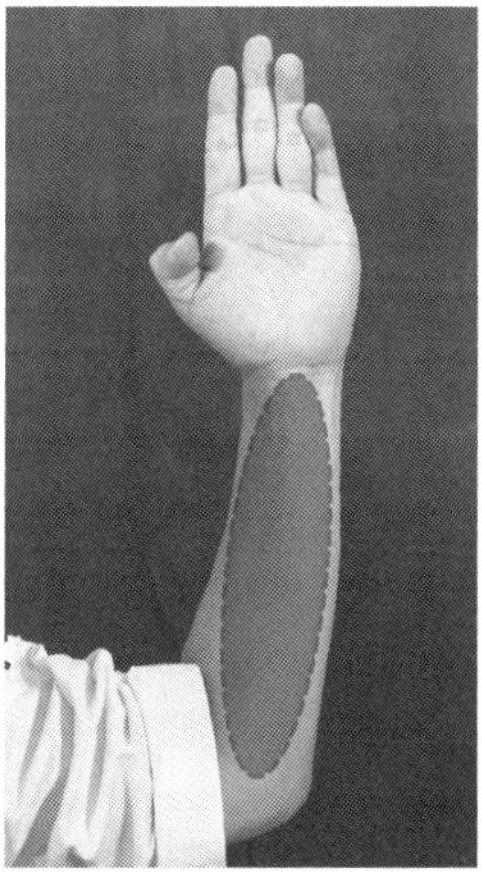

内腕は前腕部掌側の部位

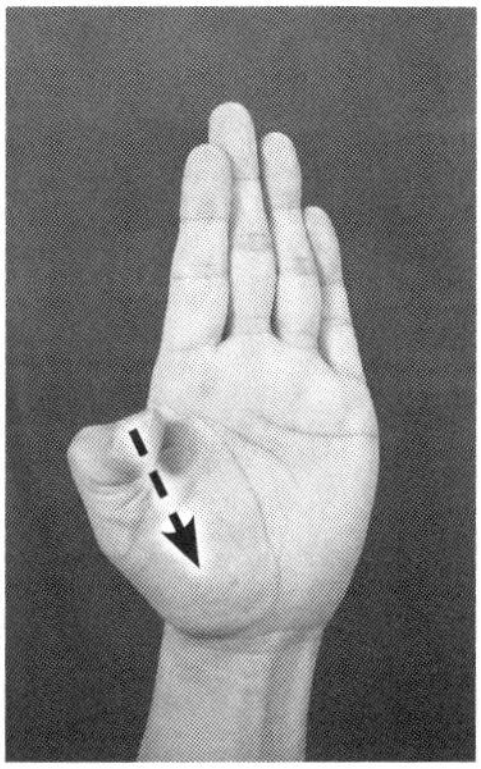

開手は、母指を母指球の方向に屈折し、全指と手首が伸長され固定される状態を保つ。

◆二挙動

落とし受けは、腕で操作せず背中から胸側へ重さを半円運動で移動し腕の動作に加える。

腕の軌跡は半弧を描くように落とす。右外腕、左内腕にて引き落とす感覚。

右外腕を心持ち先行し続いて左内腕が追う。

右外腕、左内腕開手受け落とし受け、縦平行立ち

両手開手のまま中段に落とし受け。落とし位置は、体の中心線よりやや左側、左脇腹前方。

落とし受けの後は、両前腕を水月の高さにて水平方向に保つ。両腕間は密着しない。

両足を前後平行に立つのは、一挙動に同じ。

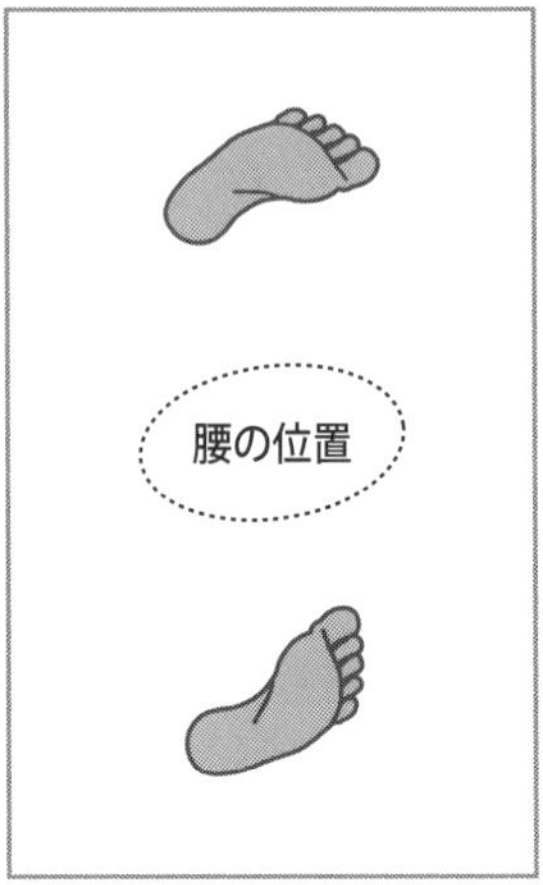

縦平行立ち

◆三挙動

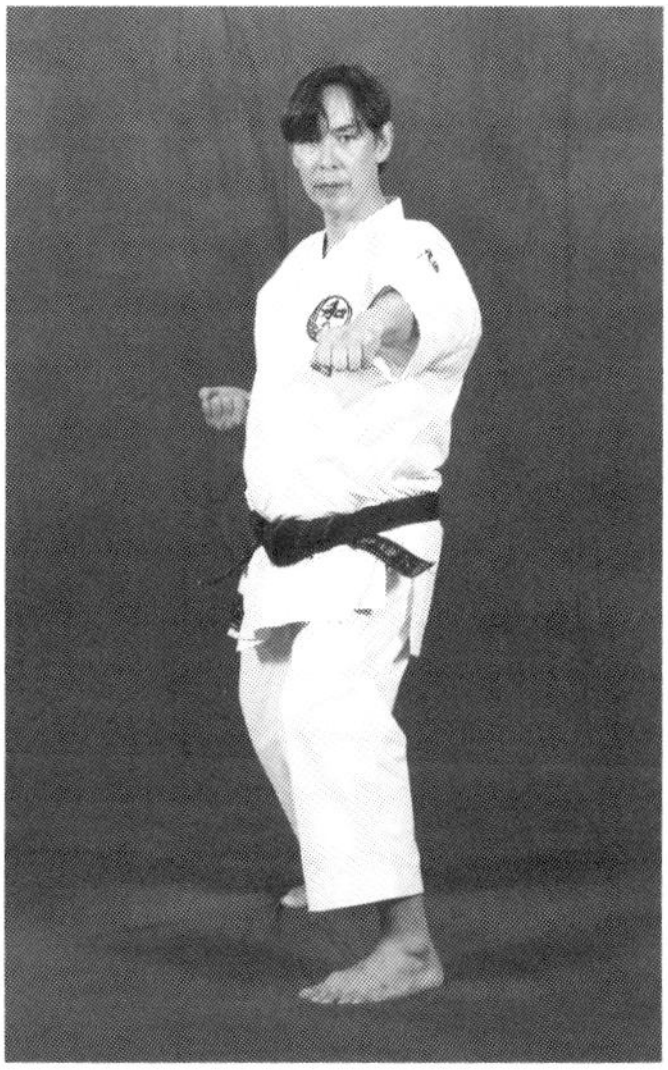

その場左中段順突き、縦平行立ち

前二挙動で圧縮し締めた左腰を鋭く押し出す要領で、腰を練る動作を順突きに伝えて左拳にて突く。

強くその場で突くためには、突きが決まる瞬間に、押し出した腰の捻転を終了動作で戻し止める力の伝達が重要。

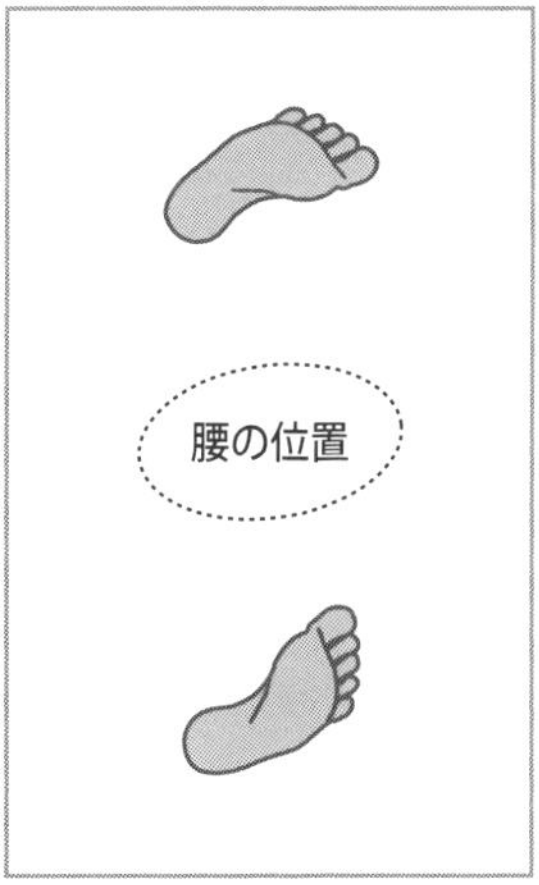

縦平行立ち

◆四挙動

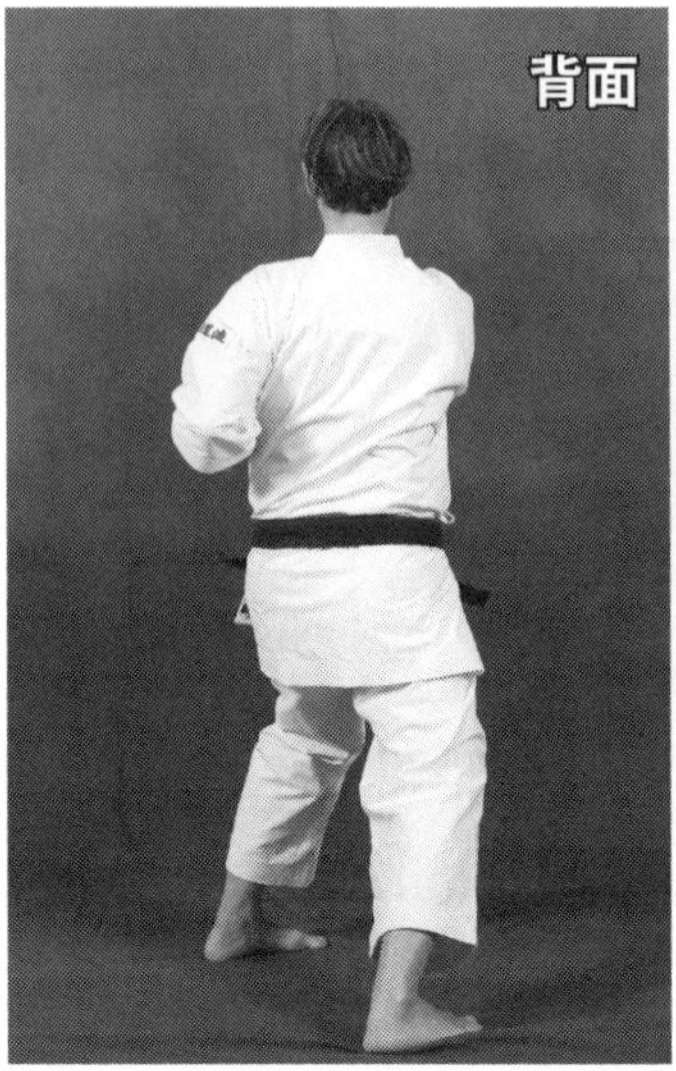

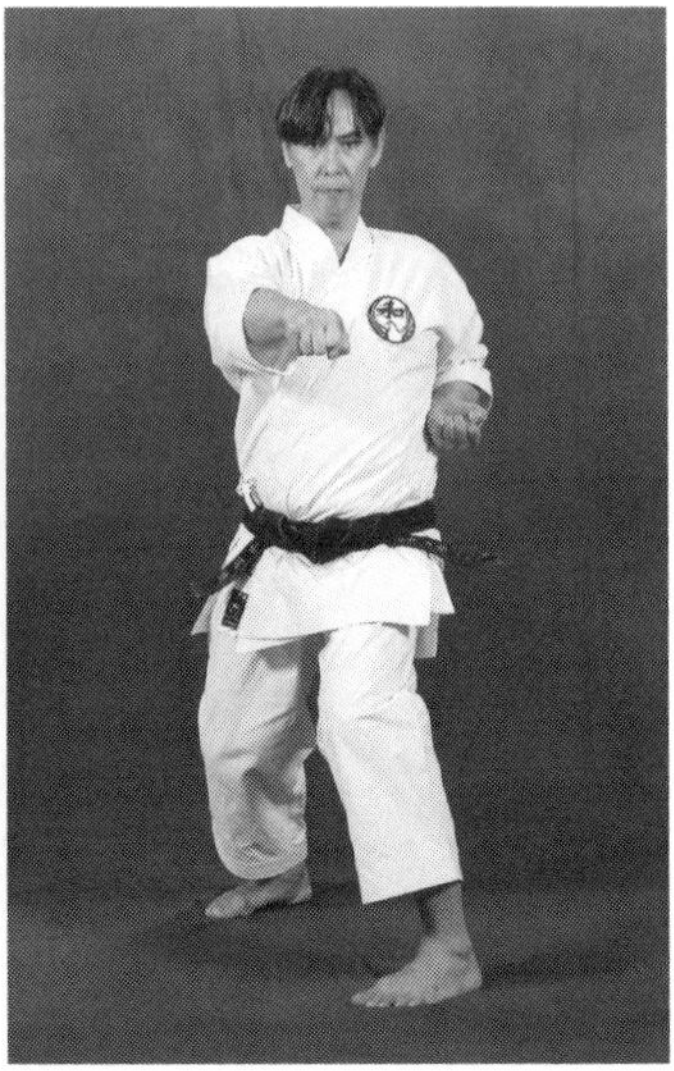

その場の右中段逆突き、縦セイシャン立ち

その場にて左大腿内転筋を締め、左足がその動作に伴い、左後方に自然移動し左縦セイシャン立ちに変わる。その腰の締め動作が、逆突きに伝わるように突く。

三挙動の突きで開いた左腰を再び締めて、右拳にて右中段逆突きを行う。

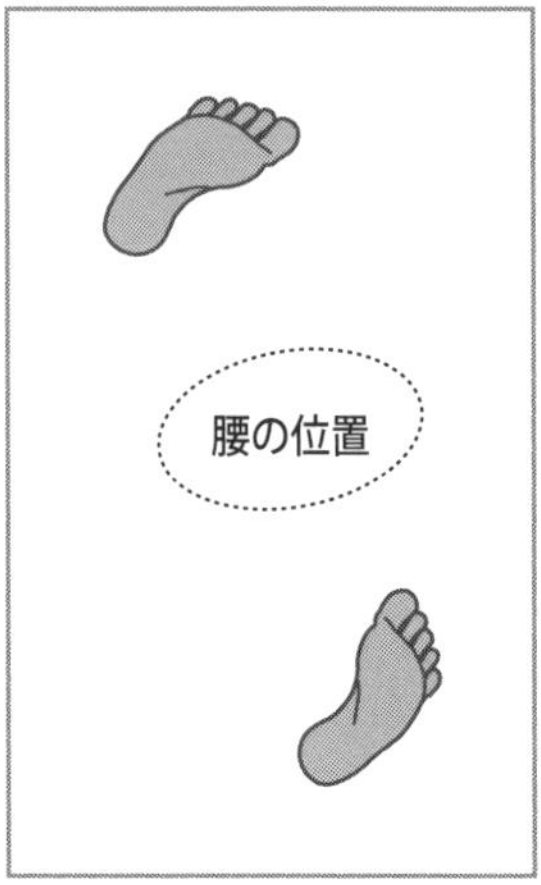

縦セイシャン立ち

◆四〜五挙動　中間姿勢

1

2

3

四〜五挙動の転体動作では、体軸を約270度回転し、右足はほぼ360度移動する。

右腕は内腕受けの要領で内に締め、右脚も同様に抱え込みを内に締め、転体の推力を得る。

転体時は左膝の曲がり角度を基本とし、回転中に上下動がないように体を制御し、右半身の巻込み運動により回転する。

◆五挙動

右下段鉄槌、四股立ち

転体後に体軸を右方向に移動し、四股立ちの歩幅に達した際に抱え込んだ右脚を垂直に落とす。

四挙動で後ろから足刀などで攻撃されたのを転体でかわし、回転後、相手の大腿部の上に自分の体軸を落とし、相手の軸を崩して鉄槌を打つことを想定する。

鉄槌の動作は、回転中に内腕受けで顔前を通し、体軸を落とす寸前に一度左胸下部に引き込み、背中の伸展を使い操作する。

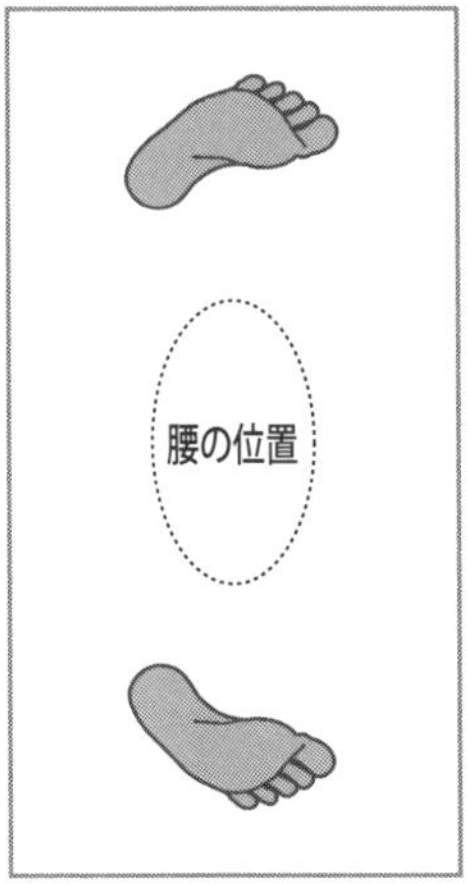

四股立ち

◆六挙動

両開手上段受け、左順突き立ち

左足の移動は、五挙動の四股立ちで腰を左方向に捻転し、左大腿内転筋の締めを解放する力で自然に移動する。

五挙動の両腕を一度両脇で引き手に取り、その後、胸部前方で交差するよう右手が内側になり背中を広げて構え、そこから開手にて上段を受ける。

形の動作には両腕を十字に交差した動作が多々あるが、和道流の解釈としては、応用にて同時に使うことは考えてはいない。片方を独立して応用することが望ましい。

片側だけ使う時、反対側が緊張しないように、両方の腕を独立させて同時に操作できることが肝要。

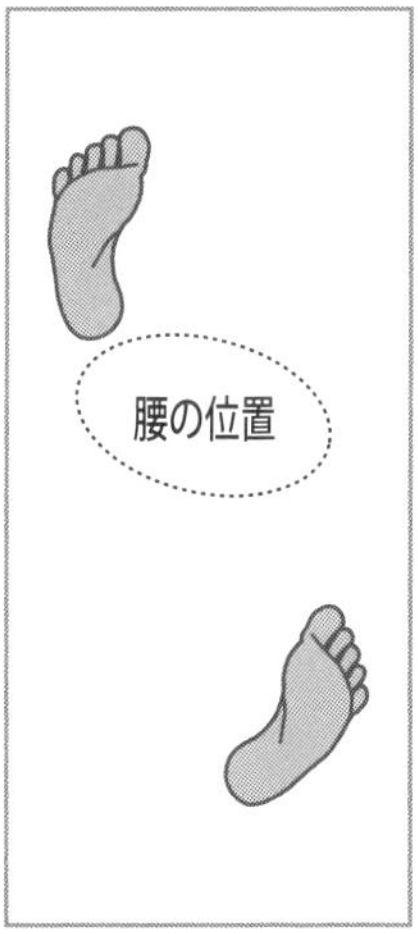

左順突き立ち

◆七挙動

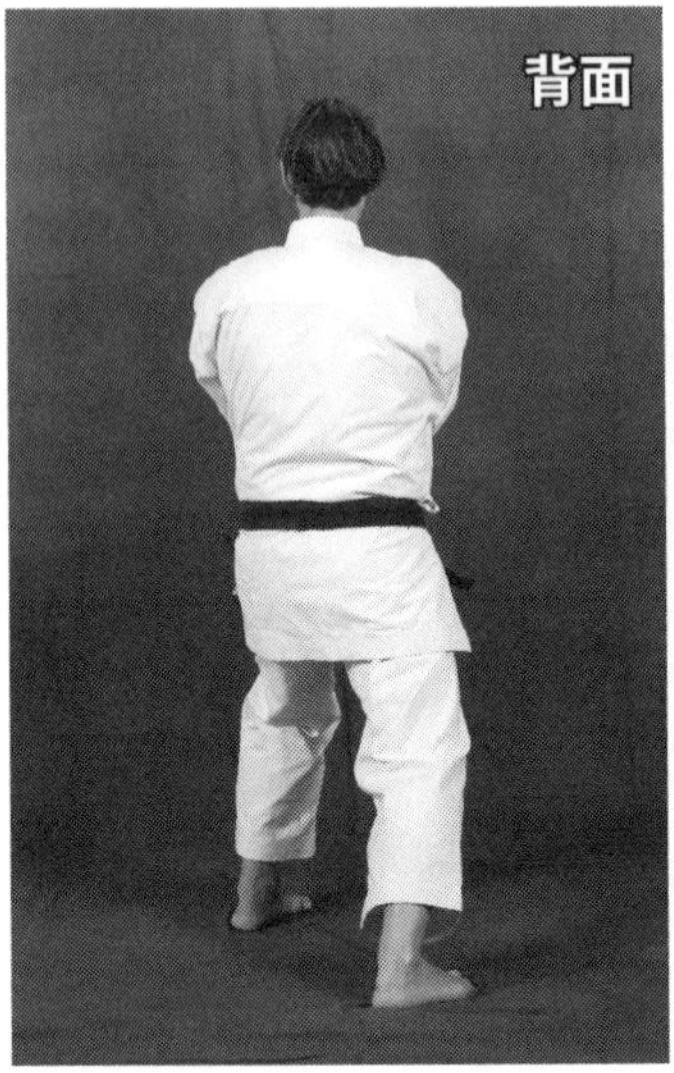

両手落とし受け、左順突き立ち

二挙動同様に、落とし受けは腕で操作せず、背中から重さを胸側に移動し、腕の動作に加える。

腕の軌跡は弧を描くように落とす。尺骨側にて、前方から半円状に手前に削ぎ落とす感覚で操作する。肘が外側に開かぬように脇を締めて操作する。

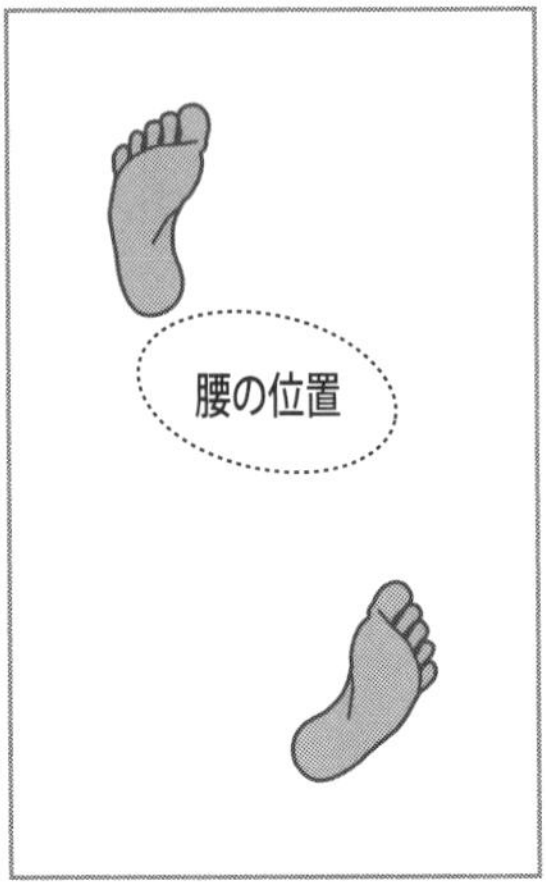

左順突き立ち

◆七〜八挙動　中間姿勢

七−1

七−2

七−3

右飛前蹴りの後、引き足を即座にとる。

左飛前蹴りは右脚抱え込みが空中にある間に行い、蹴りの後は即座に引き足をとる。

二段蹴りの際、交差した腕が上下左右に揺すられないこと。背中を伸張し両腕を固定しておく。

続く順突き立ちが決まる直前に両腕を引き手に取り、両手突き受けを動作の決めと同時に行う。

◆八挙動

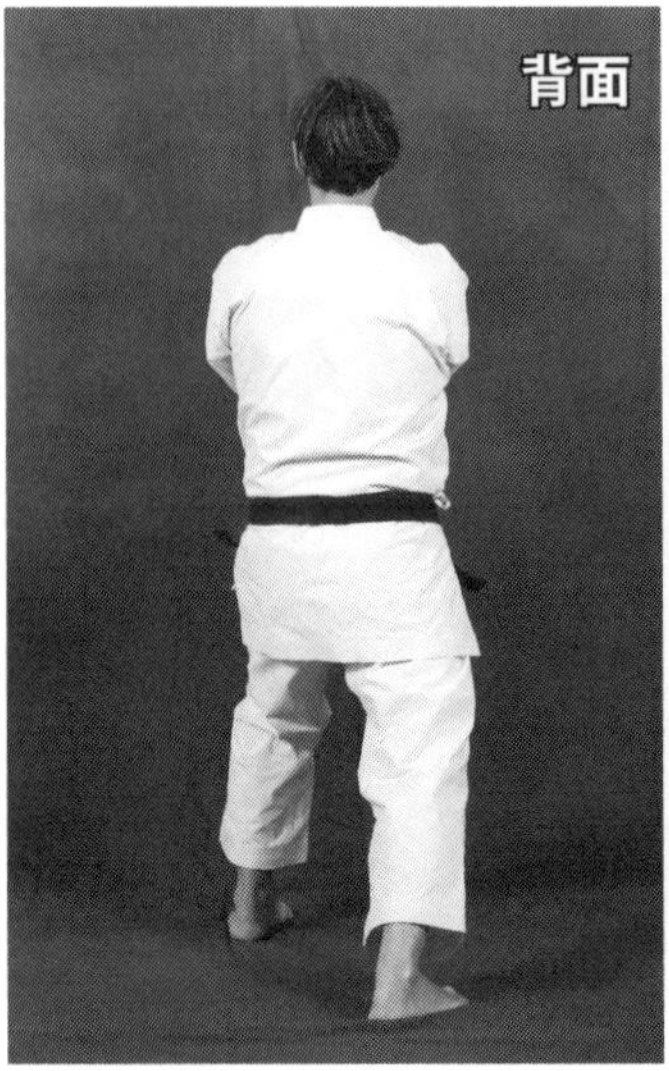

交差両手下段突き受け、左順突き立ち

　左脚が順突き立ちに決まると同時に、両手を交差して下段を突きながら払う。基本組手七本目二挙動の左突き受けの要領で操作する。

　応用時は、片方を独立して応用することが望ましい。

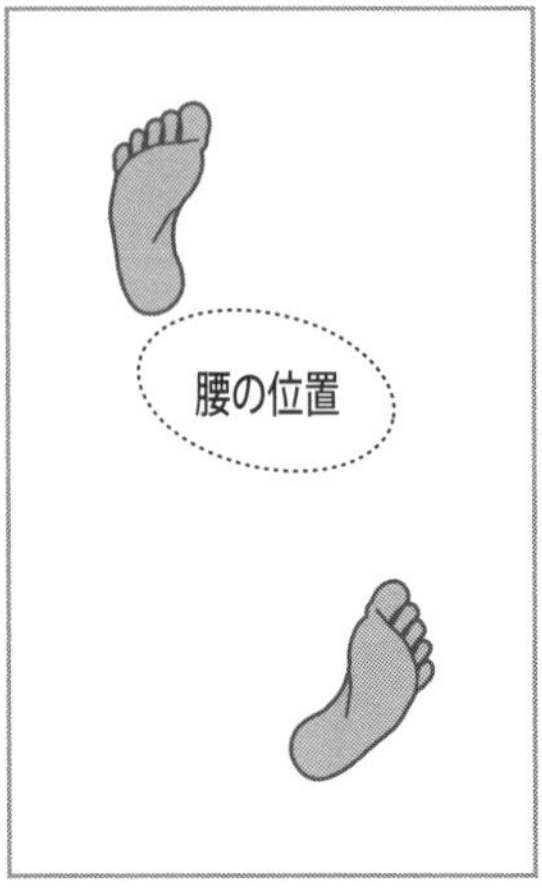

左順突き立ち

◆八～九挙動　中間姿勢❶

九－1

１８０度転体。

体軸は後方に徐々に移動し、転体は左右開いた足の中間に位置し回転する。

足は体軸の移動と回転に伴い、左順突き立ちから中間地点にて四股立ちとなり、最終的に右順突き立ちになる瞬間に歩み足にて前進する。

体軸中心線の移動は、八挙動時の演武中心線から外れないで後方回転し、歩み足順突きで前進した際も、同じ演武中心線上に体軸中心があるように動作する。

◆八〜九挙動　中間姿勢❷

九−2

転体は腰の回転に伴い脚も回転するが、その際、足の裏側の重心が最も掛かる三点を順序良く回して、中心軸がブレないように操作する。

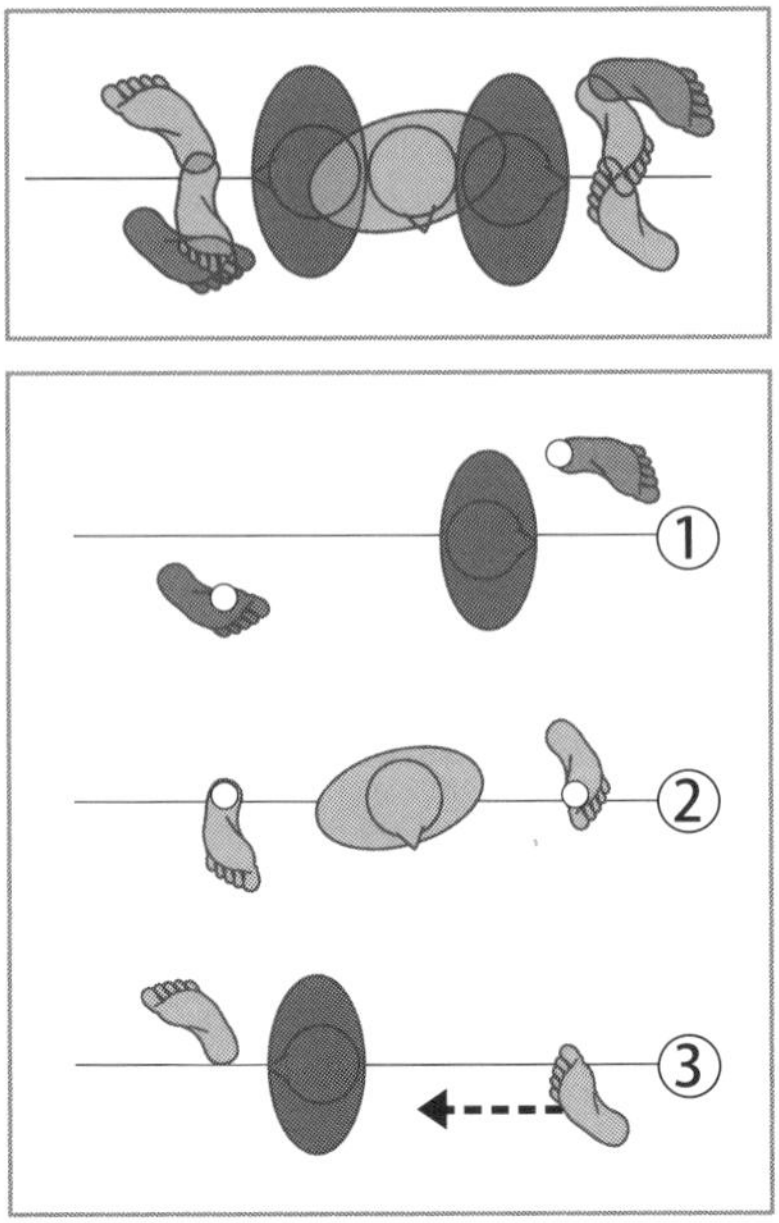

足裏の三足

◆九挙動

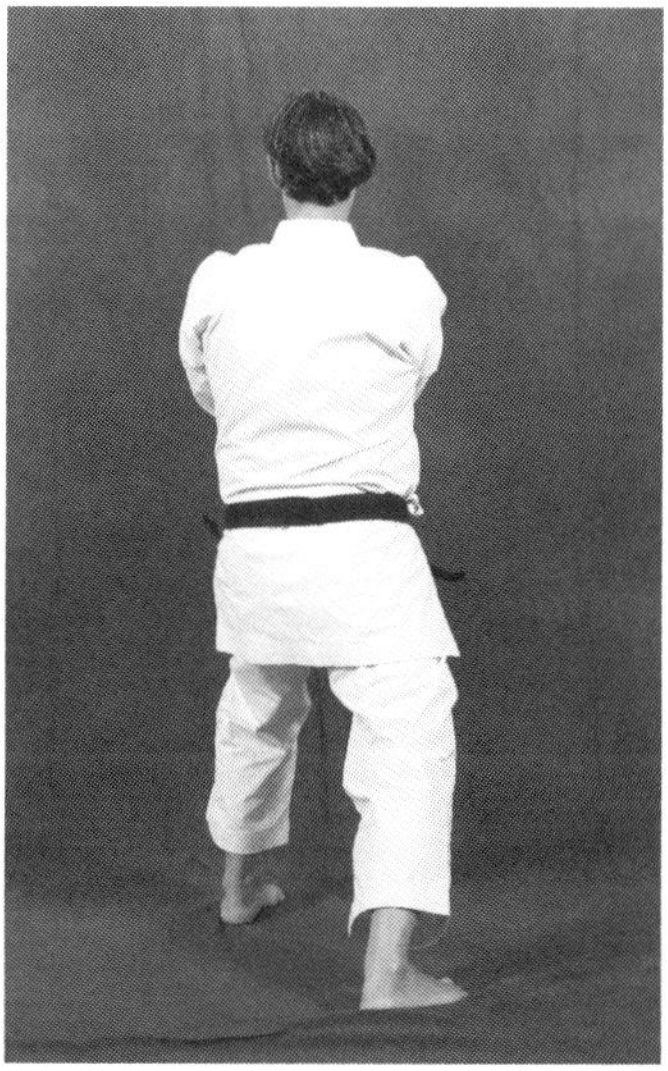

交差両手下段突き受け、左順突き立ち

九―2から左歩み足前進し、左順突き立ちが決まる直前に両腕を引き手に取り、同時に交差両手交差下段突き受けが決まるように操作する。

左順突き立ち

◆九〜十挙動　中間姿勢

姿勢1

180度転体

転体中は両腕を体前面に引き付けて（姿勢1）、両肩に力が入らないよう転体する。

転体に伴い、飛び込み流し突きの要領で右足を後方に開く。

逆飛び込み流し突きの姿勢で、左手は胸に、右手は下段右方向に構える。

姿勢1は、転体中、続く構えに移行する際、力を腕に伝えるために背中を開く姿勢。この姿勢から各受けや構えの動作に入る。

右下段構え、左胸前構え、逆飛込み流し立ち

◆十挙動

逆飛び込み流し突きの姿勢は、左足踵と右足つま先が一直線上で重なる程度に位置する。体勢は後方に約45度の角度に傾斜させて、相手攻撃を引き込める姿勢をとる。

腰骨はやや半身の方向に向き、その場に居つかない姿勢を取り、前後に動きやすい状態を維持する。

両拳は握った状態。

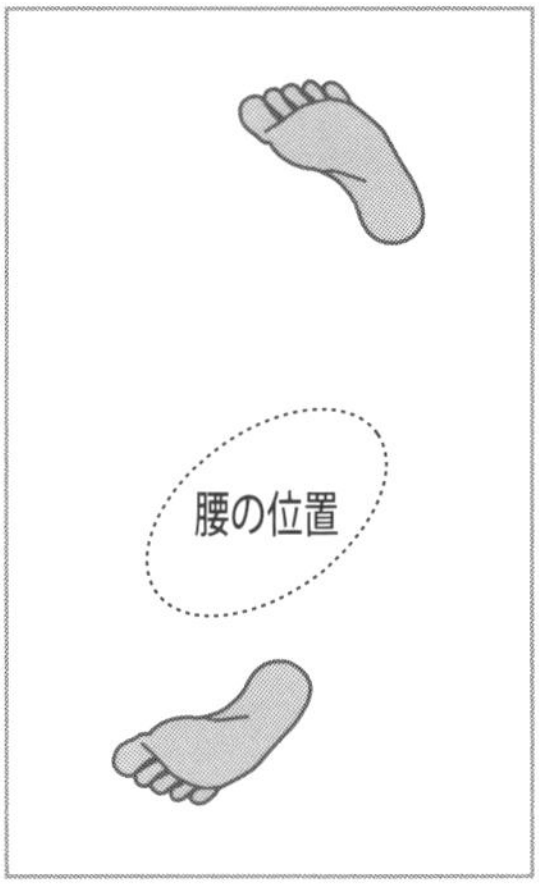

逆飛込み流し立ち

◆十〜十一挙動　中間姿勢

十−1

十−2

Point! 体位の上下について

体位が山形になるよう転位する。
中間地点で最高位に達し、その際に結び立ちにて踵を多少浮かし、重心軸を上足底側に置く。
体が不安定な状態にあっても前後に即座に対処できるよう、最高位の状態から両膝の力が抜け、重心が即座に落ちるよう体位の上下を操作する。

◆十一挙動

左下段手刀構え、右胸前手刀構え、逆飛び込み流し立ち

転位方法は、十〜十一挙動の転位法に同じ。

体の姿勢も十挙動に同じで、左半身に構える。

両手は手刀にして右手は胸、左手は下段に構える。

十二挙動への右手は、胸前構えから最短距離で手刀受けに移行するために、交差する両腕の内側を通るように操作する。

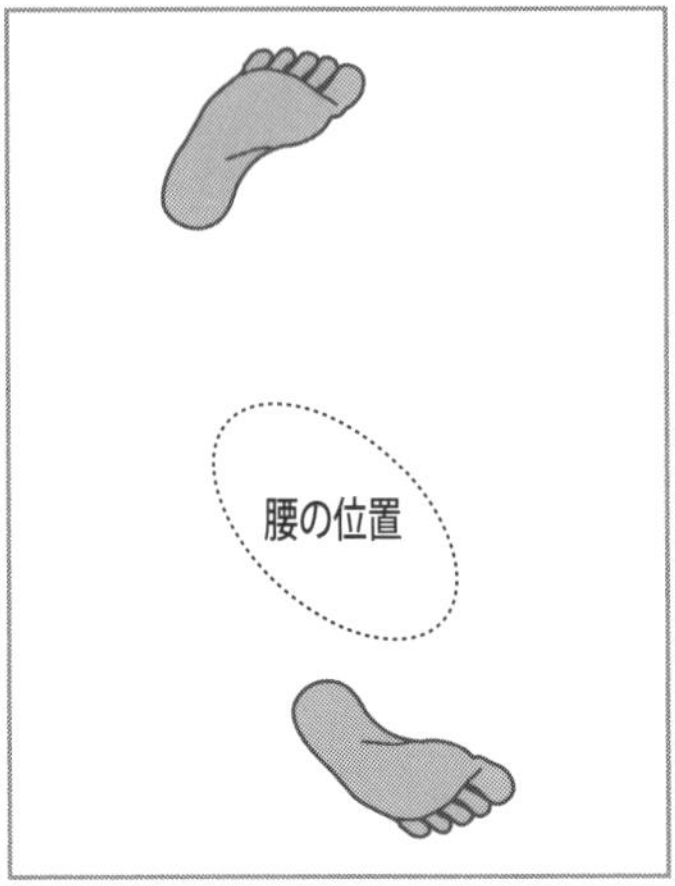

逆飛込み流し立ち

◆十二挙動

両腕手刀受け、右順突き立ち

十一挙動より、歩み足にて右順突き立ちに前進転位する。
右腕の手刀受けが、交差した腕の内側を通るように操作し、上段を受ける。
両腕手刀受けは、背中を開く力を腕に伝えて操作する。
両手刀受けは、両肩正面に肩甲骨を伸張したところに位置する。

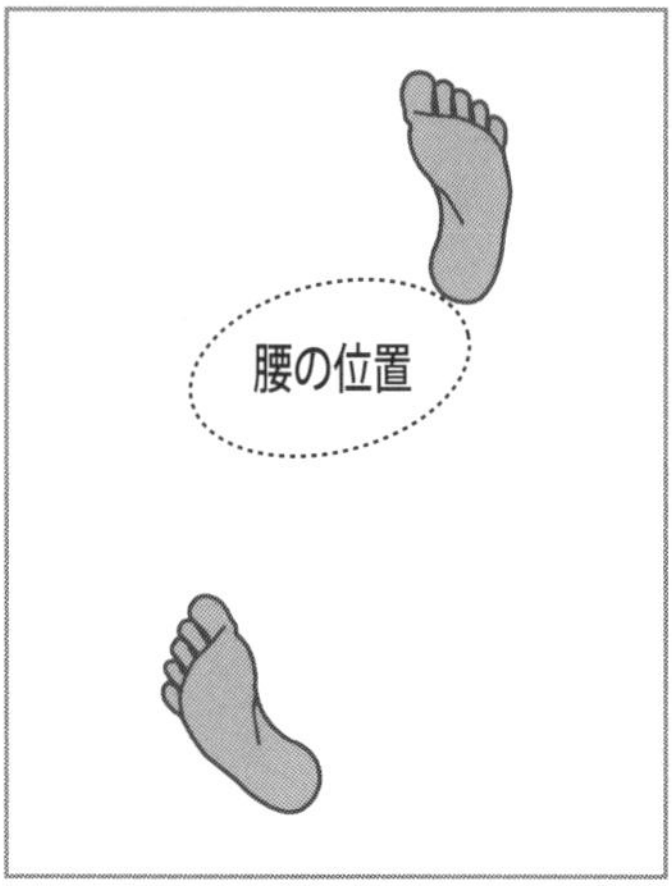

右順突き立ち

Point! 両腕手刀受けについて

両腕の操作は、腕を胸の前で交差させた状態の時は胸が緩み、背中が外側に開いた状態で構える。

続いて、両腕手刀受けに入る際に、緩んだ胸を前方に押し出す力を利用して両腕を前方に放り出すように操作し、受けの瞬間に背中を前方に伸張させて手刀受けに力を与える。

受ける際は両肘を内側に締め、その力を利用して手刀が外側に開くように操作する。

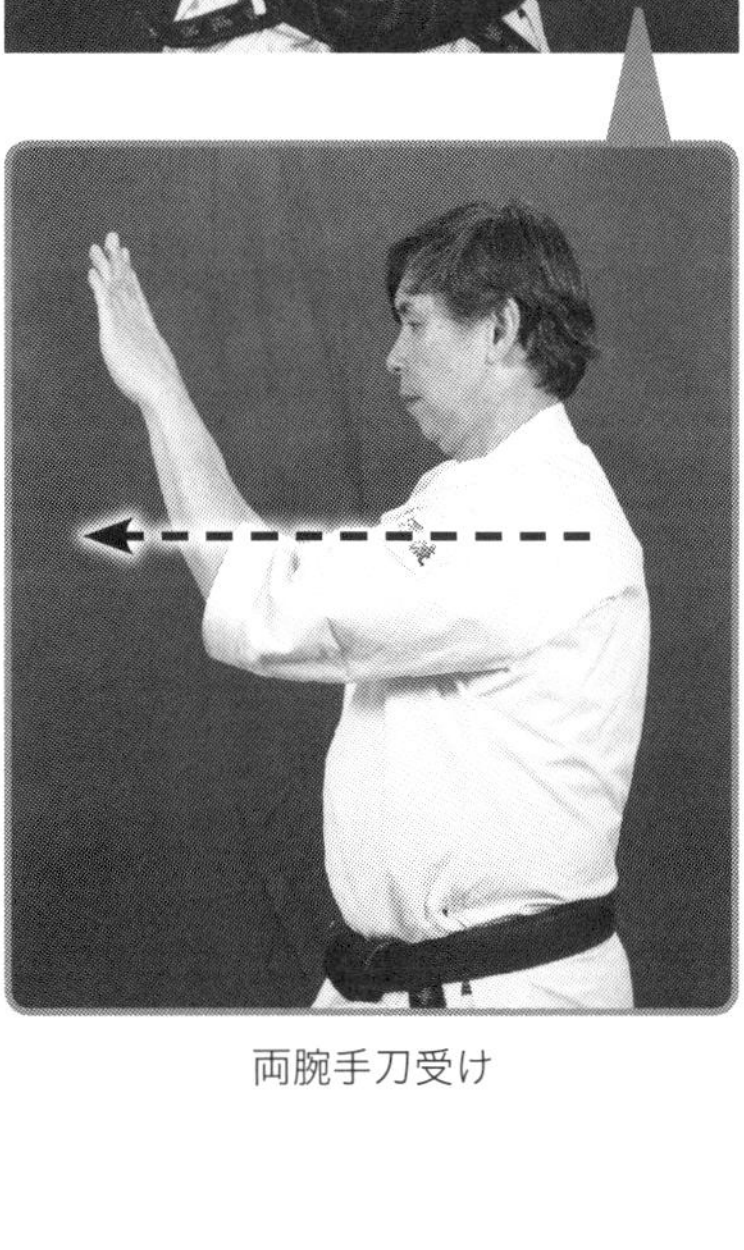

両腕手刀受け

◆十二〜十三挙動　中間姿勢

4分の1転体

左腰の転体に伴い、左足が自然に転位する。交差した腕は右腕が左腕の外側を通る。その際に、両肘が外側に開かぬように前挙動と同様に操作する。

◆十三挙動

通常の四股立ちよりも狭い歩幅（自護体の歩幅）に足を開き、四股立ちに姿勢を取る。

両腕は橈骨側にて、手刀受けと逆回転に上段を受ける。腕の操作方法は、十二挙動に同じ。

両腕手刀受けは、背中を開く力を腕に伝えて操作する。

両手刀受けは、両肩正面に肩甲骨を伸張したところに位置する。

両腕外腕手刀受け、自護体の四股立ち

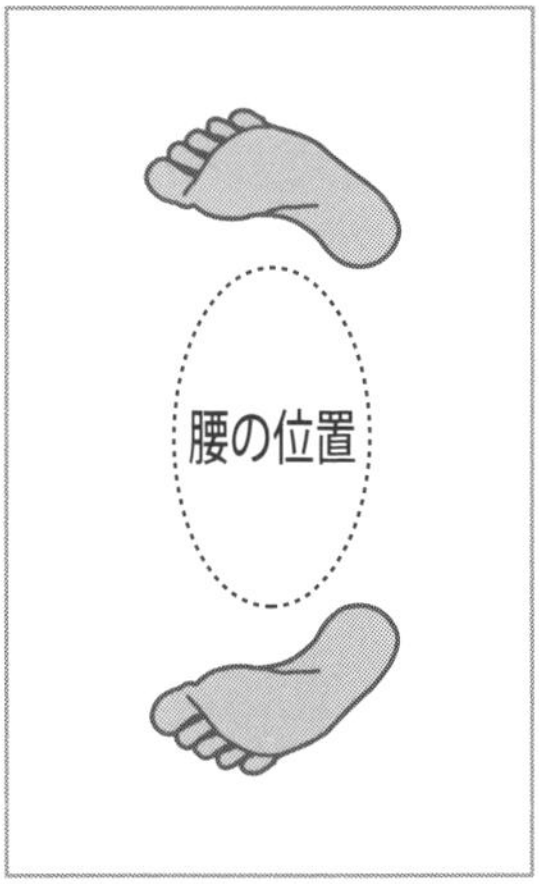

自護体の四股立ち

◆十三～十四挙動　中間姿勢

左方向を向きつつ、ゆっくりと自然に自護体幅のまま立つ。

膝を伸ばし、両腕を下ろす、そして顔を左に向く動作が同時に終了する。

◆十四挙動

両手拳腿前構え、自護体自然立ち

十五挙動への準備だが、常に前後に敵がいることを意識して自然にゆったりと立ち、状況に即座に対処できる心持ちでいることが重要。

動作終了に合わせて、顔は左方向を向く。

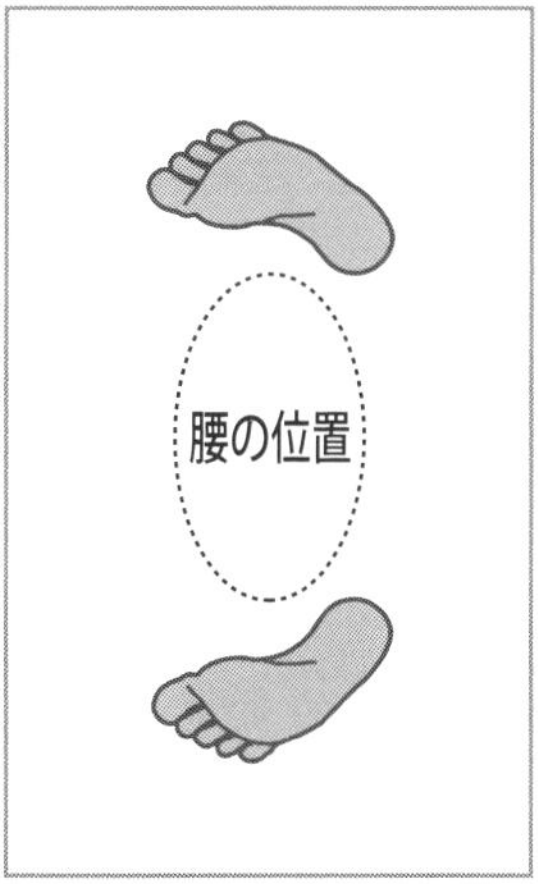

自護体立ち

◆十五挙動

左下段右外腕構え、逆飛込み流し立ち

その場にて左腰を開き、左足を転位する。

重心は垂直に下方向に落としながら、体軸中心は拳幅一つ分を左方向に移動して構える。

平安五段二十挙動に同じ構え。

十四挙動～十五挙動の中間姿勢は、姿勢1の逆で構える。

逆飛込み流し立ち

姿勢１の逆

Point!　十五挙動、十六挙動、十七挙動の構えについて

外腕構えと下段構え、そして飛び込み流しの傾斜姿勢のラインが、ほぼ斜め平行になるように構える。

◆十五～十六挙動　中間姿勢

右足歩み足前進

姿勢１

転位方法は、十～十一挙動の歩法に同じ。

重心軸を上足底側に置き、両踵が自然に浮く姿勢を取る。

続く構えに移行する際は、直前に姿勢１の構えをとる。

右外腕を体前方に移動し、構える力を利用することで、中間姿勢に転位する推進力を得ることができる。

十五～十六挙動の中間姿勢では、姿勢１に構える。

◆十六挙動

十五挙動の左構えの対象となる右構え。
平安五段の最後の挙動にも同じ。

右下段左外腕構え、逆飛込み流し立ち

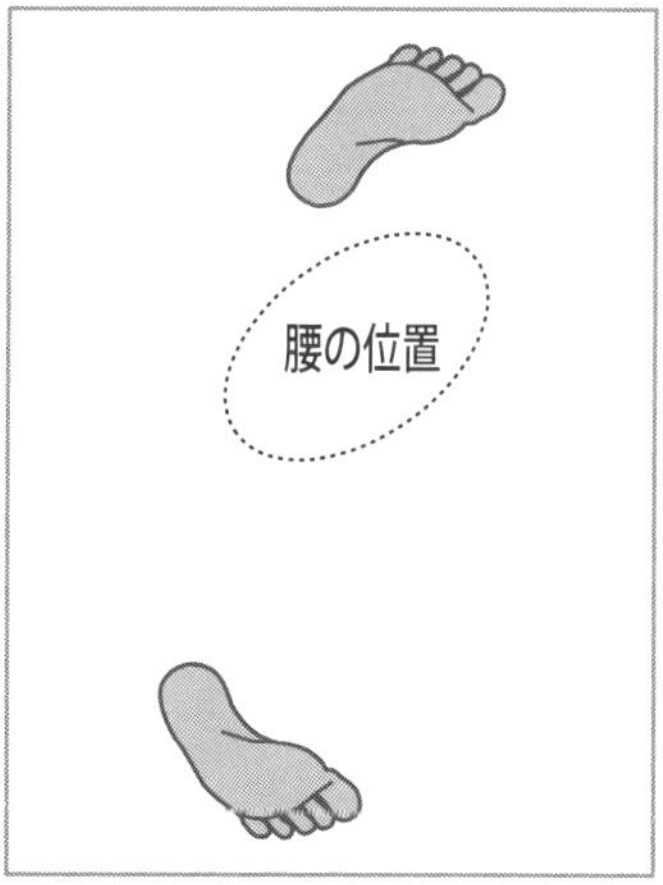

逆飛込み流し立ち

◆十六〜十七挙動　中間姿勢

３６０度転体

姿勢１の逆

十六挙動より左足を背面方向に歩み、体位が山形になるように転位する。

中間地点で最高位に達した時、一度正面を向き、その際に結び立ちにて踵を多少浮かし、重心軸が上足底寄りの状態を取る。

その後、左足を体の中心軸移動に伴い真っ直ぐ背面側に歩み、歩幅が決まると同時に飛び込み流し逆構えになる。

右下段構えを体前方に移動し、構える力を利用することで中間姿勢に転位し、推進力を得る。

十六〜十七挙動の中間姿勢は、姿勢１の逆で構える。

◆十七挙動

十五挙動に同じ構えをとる。

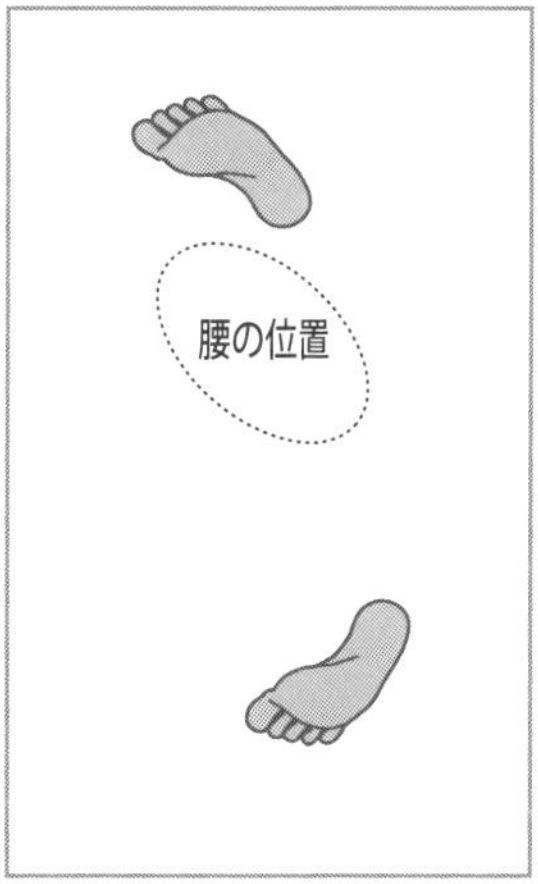

逆飛込み流し立ち

左下段右外腕構え、逆突込み流し立ち

◆十八挙動

十七挙動より、中心軸が左足寄りに垂直に立つように転位。その際、右足は左足後方に移動し、上足底にて立つ。素早く左方向に転位し、両足が縦列の不安定な姿勢を取っても中心軸がブレないように注意。

交差両手下段突き受け、左前縦列立ち

左足先は、交差両手下段突き受けが決まると同時に、左腰の締めによって内側に締まるように操作する。右足はその後方に縦に並び、両足の中心部はほぼ一直線上になる。

交差両手下段払突き受け直前に、両腕引き手を取る。

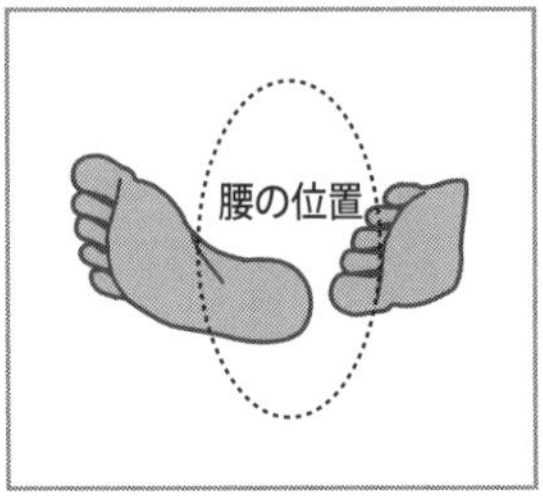

縦列立ち

交差両手下段払突き受けは、八挙動に同じ。

◆十九挙動

両腕外腕受け、自護体の四股立ち

体軸を右方向に転位し、右足は自護体の歩幅に取り四股立ちとなる。

通常の四股立ちよりも狭い歩幅（自護体の歩幅）になる。

両腕の操作方法は十三挙動に同じだが、両拳は握り上段を受ける。

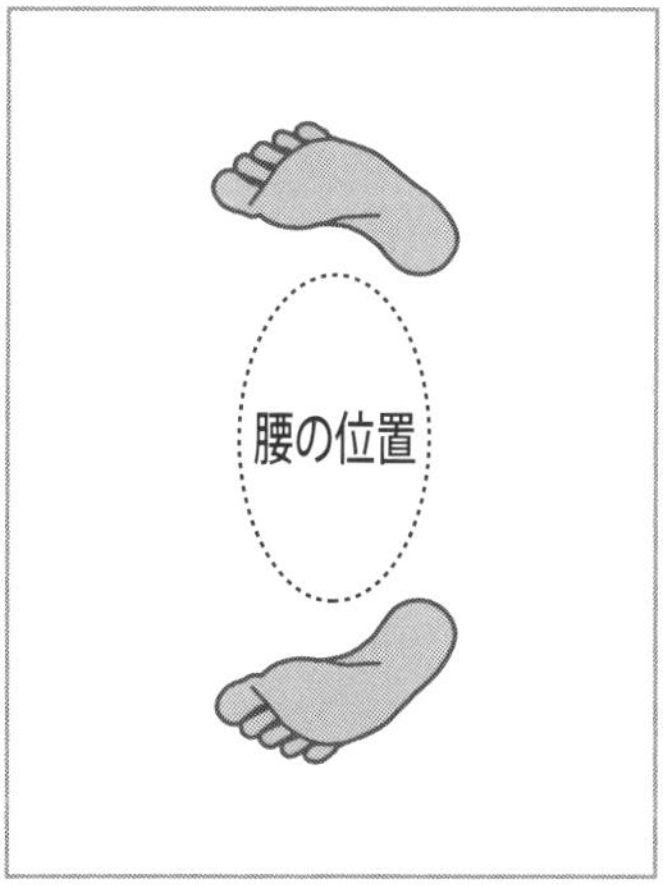

自護体の四股立ち

◆二十挙動

両手拳腿前構え、自護体自然立ちの姿勢

膝を伸ばす動作と両腕を下ろす動作が、同時に終了するように構える。

その場にて周りを意識しつつ、ゆっくりと自護体自然立ちの姿勢を取る。

周囲の状況に即座に対処できる心持ちで構える。

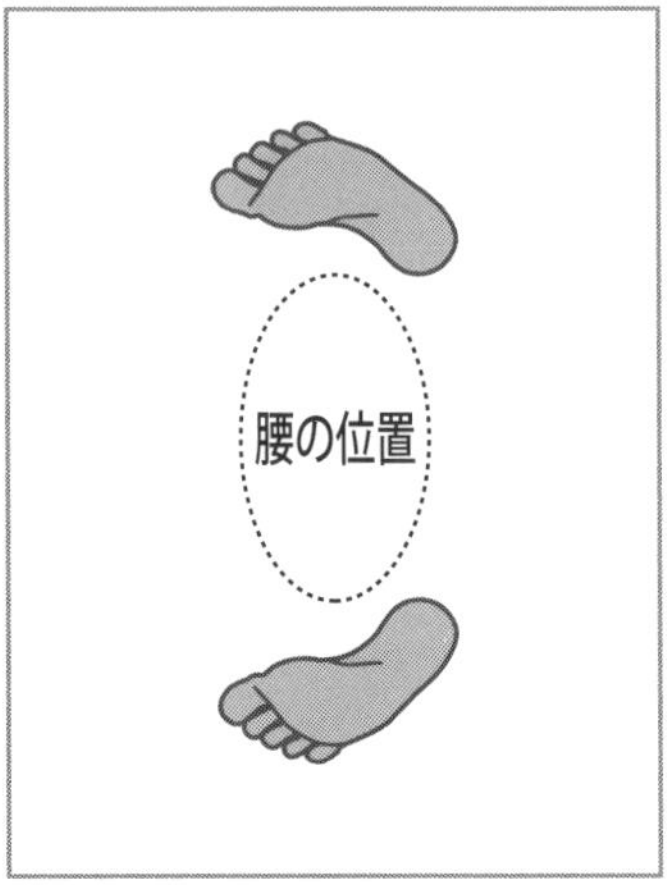

自護体立ち

◆二十一挙動

両肘受け構え、自護体自然立ちの姿勢

その場にて、ゆっくりと両腕を肘受けの態勢に準備する。

両の拳は帯の高さで、体の前後厚み幅の中間部よりやや前方に構える。拳は腰に軽く添え、背中を開き両肘と胸が平行に並ぶように構える。

両腕の構えは、平安三段の十二挙動に同じ。

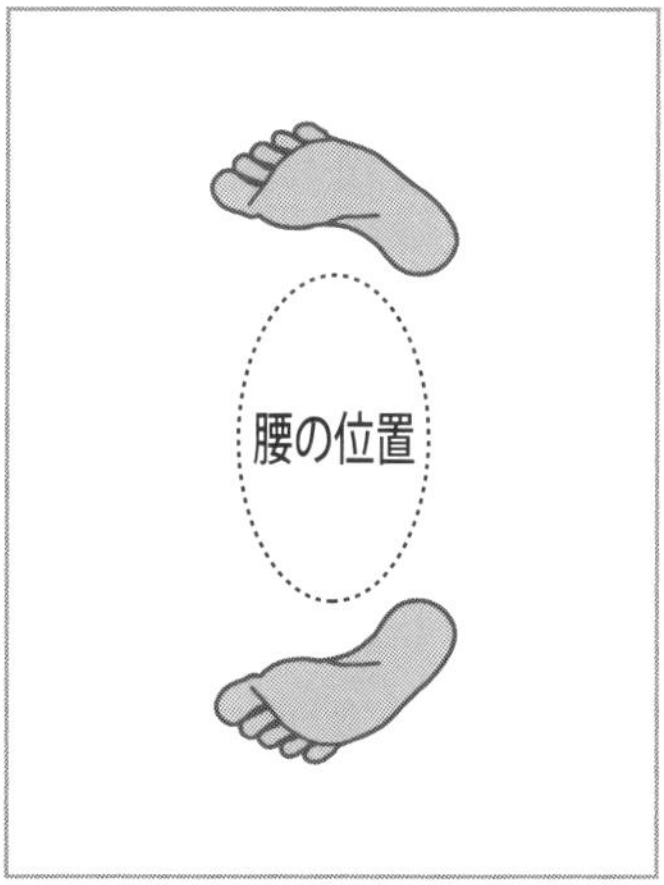

自護体立ち

◆二十二挙動

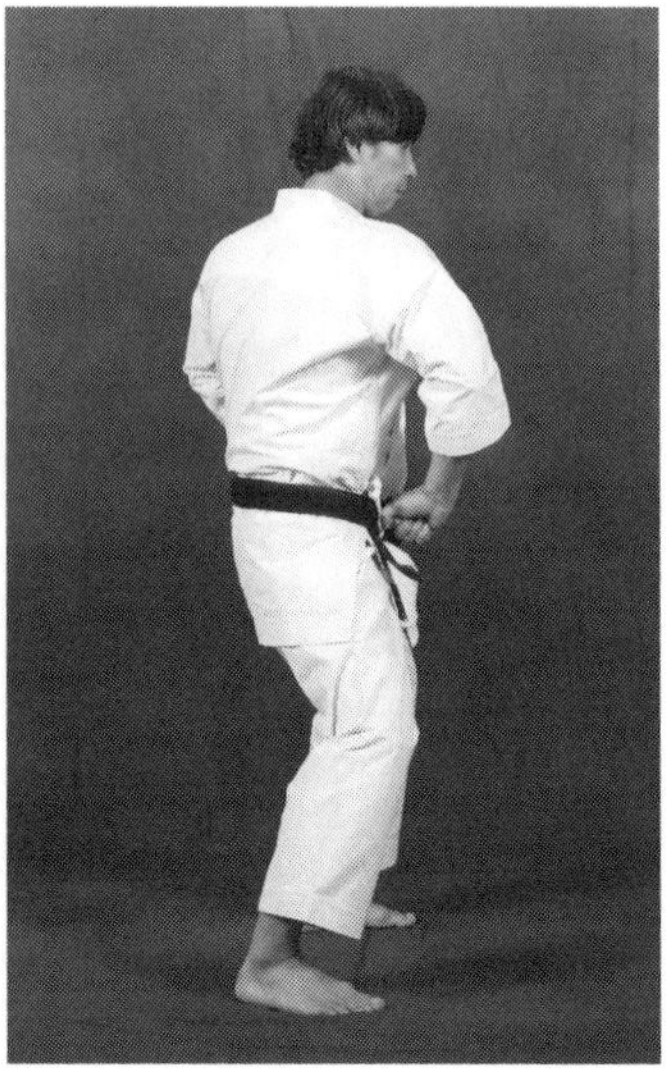

右肘受け、自護体の四股立ち

体位を自護体四股立ちに落とすと同時に、右肘受け。

右小胸筋を後方に引き、右引き手を構えて続く肘受けは、背中を開く動作で力を得ること。

両足は四股立ちのまま、つま先を回転させないで体軸を捻り、その力を最終的に背中を開く動作に繋げ、肘が自然に飛び出す要領で受ける。

平安三段の十三挙動の受け方に同じ。

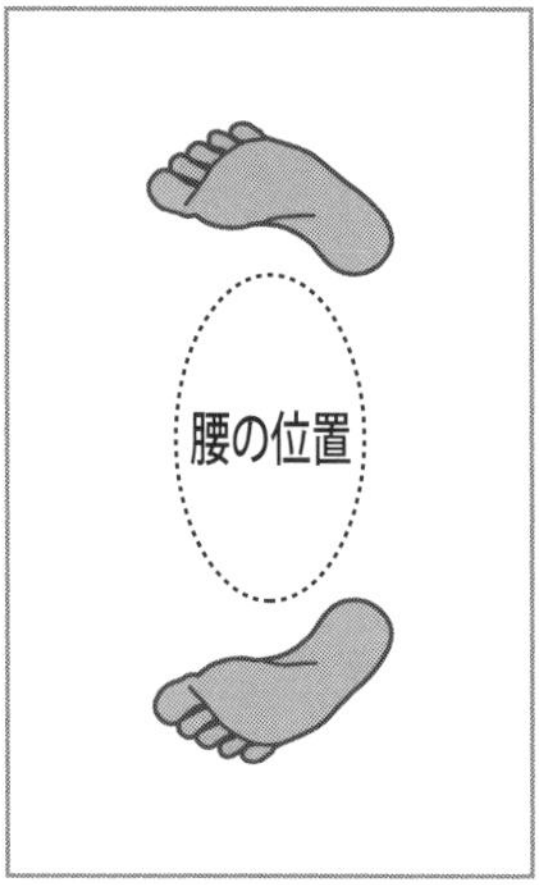

自護体の四股立ち

◆二十三挙動

前挙動から続けて、左肘で同じ動作を繰り返す。

平安三段の十四挙動の受け方に同じ。

左肘受けで捻転した腰の捻りを利用して180度後方へ転体し、左足を引き付けるように操作する。

左肘受け、自護体の四股立ち

二十三〜二十四挙動中間姿勢

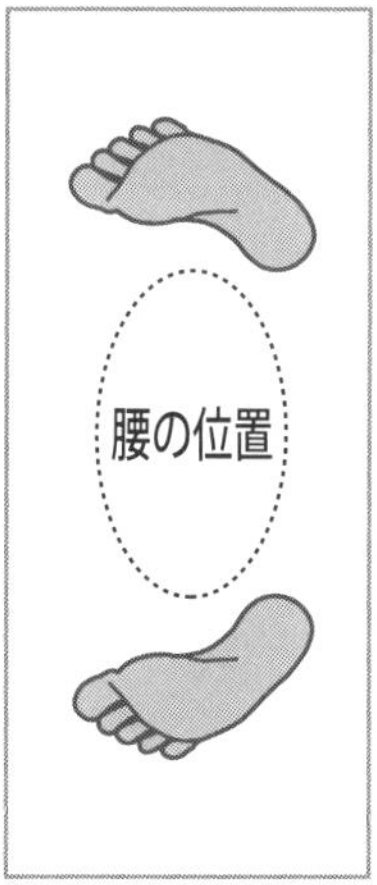

自護体の四股立ち

◆二十四挙動

180度右転体両腕外腕受け、右前丁字立ち

前挙動の上半身で右方向に体軸を捻った力を利用し、腰の転体を180度右方向に巻き戻す感覚で転位する。

両腕外腕受けは、十九挙動に同じ。

右足先は、両腕外腕受けが決まると同時に右腰の内捻方向の締めによって内側に締まり、斜め左方向を向くように操作する。左足は、右足内側後方より三分の一程度の位置で縦に置く。

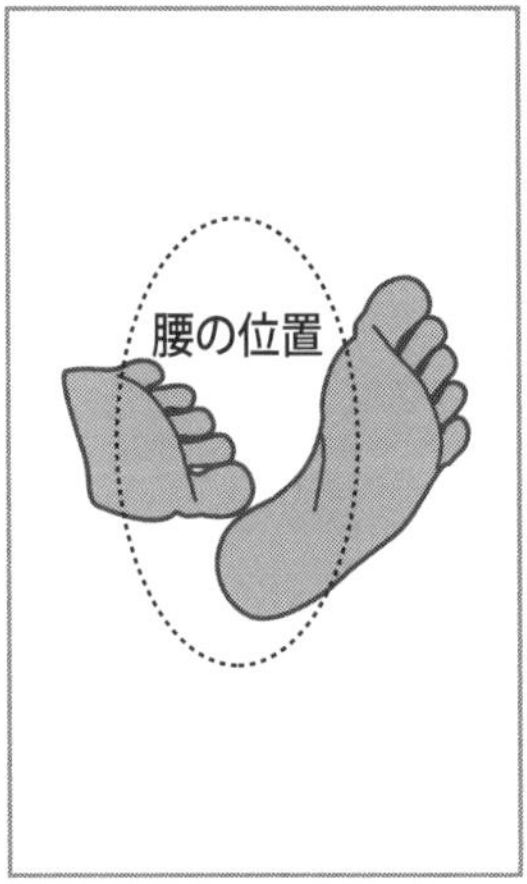

丁字立ち

◆二十五挙動❶

二十五挙動1〜4までは、一挙動で俊敏に行う。

その場にて、左方向からの攻撃を意識して右上段外腕左下段構え、右片足立ち。

左足は下段への攻撃を敏速にかわすことを想定して行う。左足甲の部分を右足ふくらはぎ上部に軽く添える。

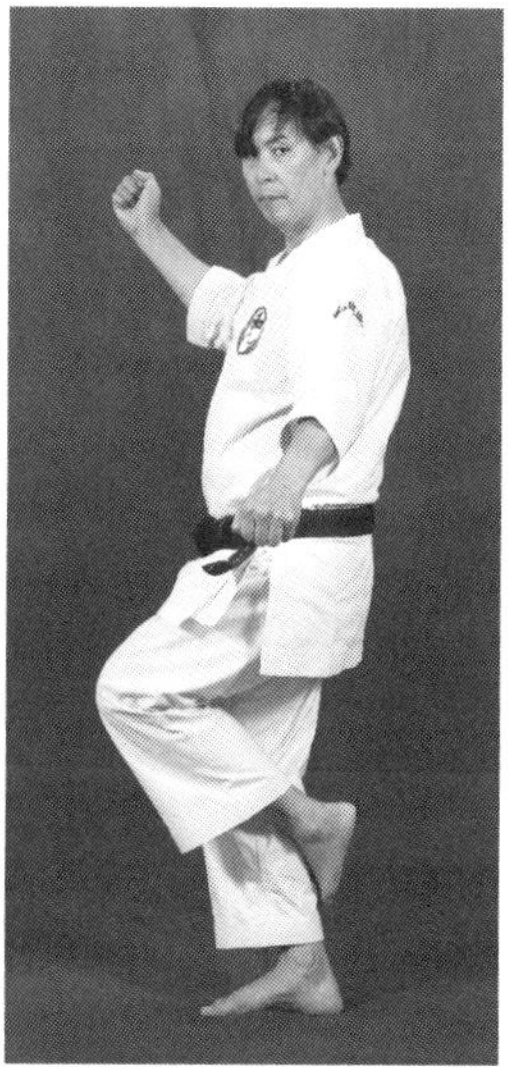

右上段外腕左下段構え、右片足立ち

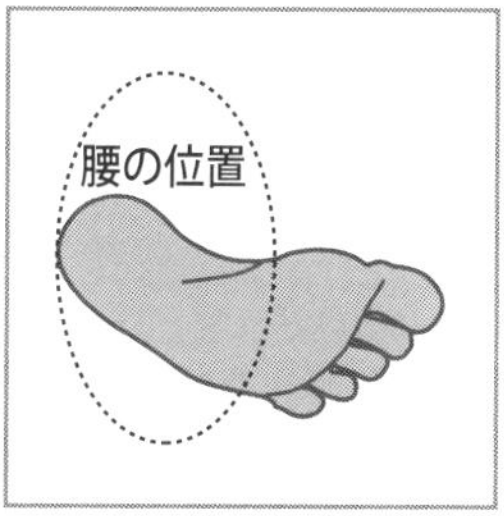

右片足立ち

二十四挙動〜二十五挙動1の中間姿勢は、姿勢1の逆で構える。

姿勢1の逆

◆二十五挙動❷

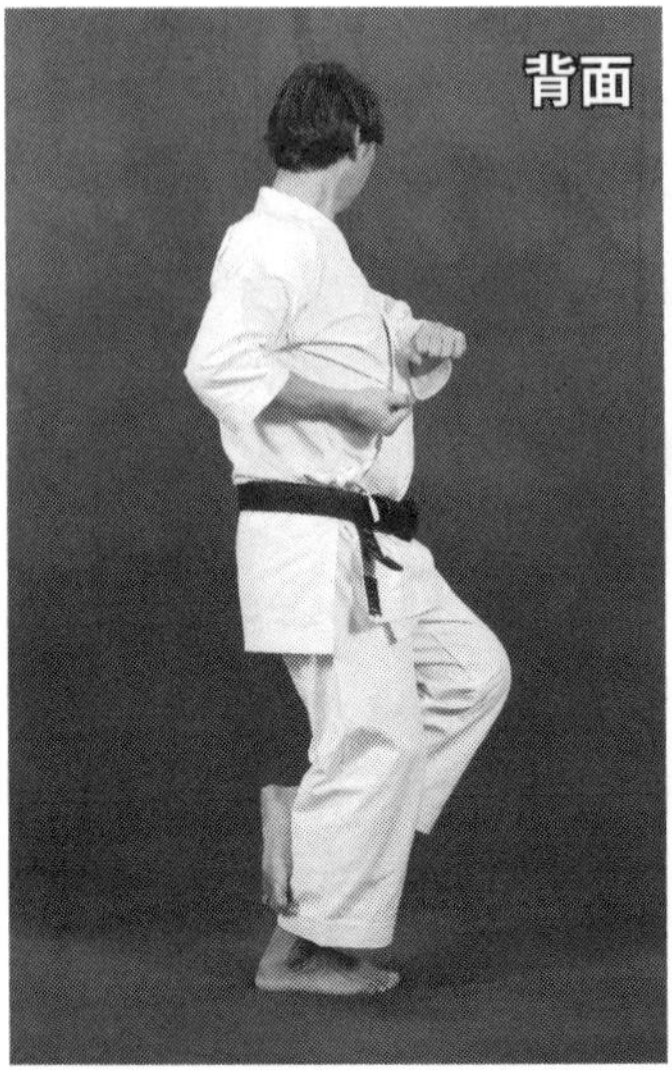

左腕胸前構え、片足立ち

その場にて、平安四段の五挙動のように左腕を胸前に構える。

左腕と体の間は、腕が道着に軽く触れる程度。

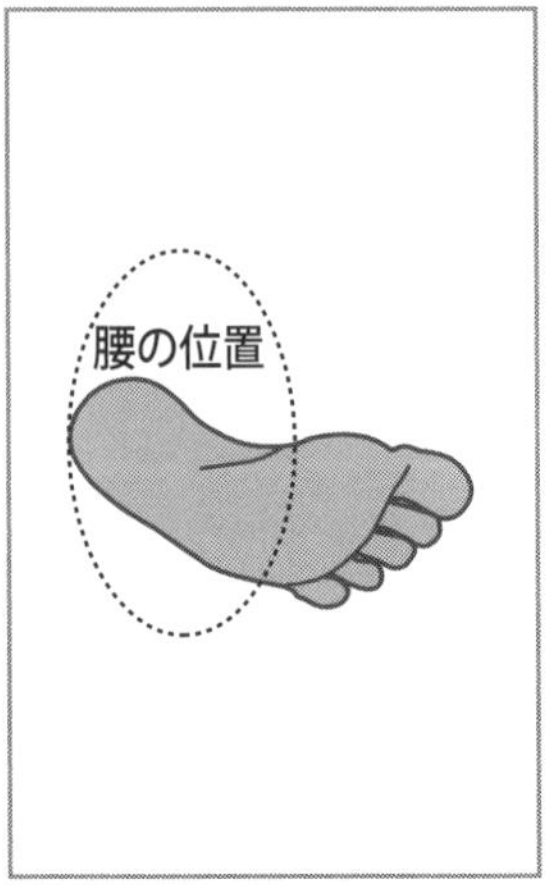

右片足立ち

◆二十五挙動❸

左中段払い受け、左中段横前蹴り

払いと蹴りは同時に行う。

その際、腰はほとんど回転せず操作する。顔は前方を向いて前蹴りを側方に行う。平安四段の六挙動に同じ。

蹴った後は、即座に引き足をとる。引き足は、突き始めの瞬間まで抱え込む。

左中段払い受けは、背面の伸張力を操作して払い受ける。

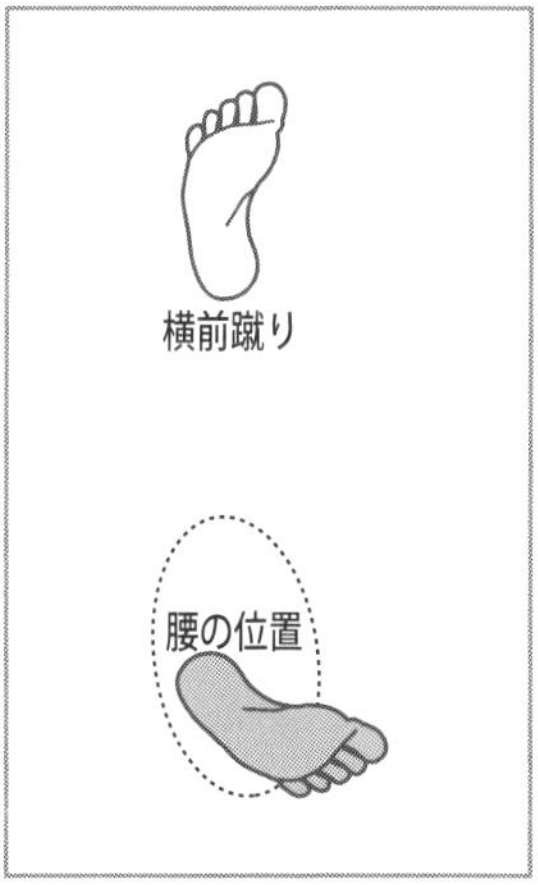

左中段横前蹴り

◆二十五挙動❹

前横蹴り後、次の歩み足順突きで深く歩めるように、引き足を転位中のギリギリまで抱え込む。抱え込みを近位に落として歩幅が短くならないように注意。

右歩み足中段順突き、右順突き立ち

二十五〜二十六挙動中間姿勢

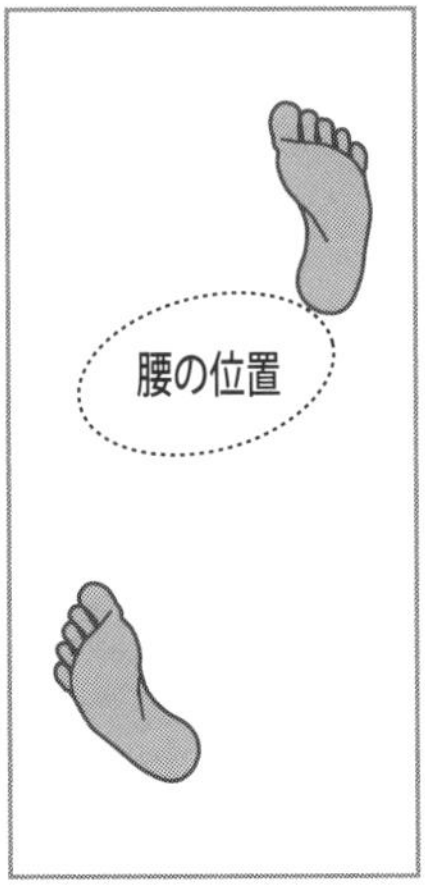

右順突き立ち

◆二十六挙動❶

二十六挙動1〜二十六挙動4までは、一挙動で俊敏に行う。

その場にて、右方向からの攻撃を意識して左上段外腕右下段構え、左片足立ち。

右足は、下段への攻撃を敏速にかわすことを想定して行う。右足甲の部分を左足ふくらはぎ上部に軽く添える。


二十五挙動4〜二十六挙動1の中間姿勢は、姿勢1を取り、両腕は一旦体の前方に引き付け、構えに移行する。

左上段外腕右下段構え、左片足立ち

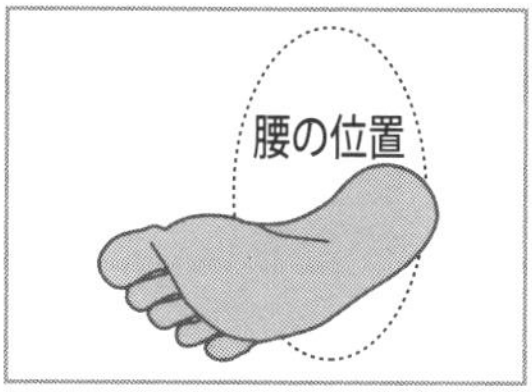

右片足立ち

姿勢1

◆二十六挙動❷

左上段外腕右下段構え、左片足立ち

二十五挙動2の逆方向の構え。

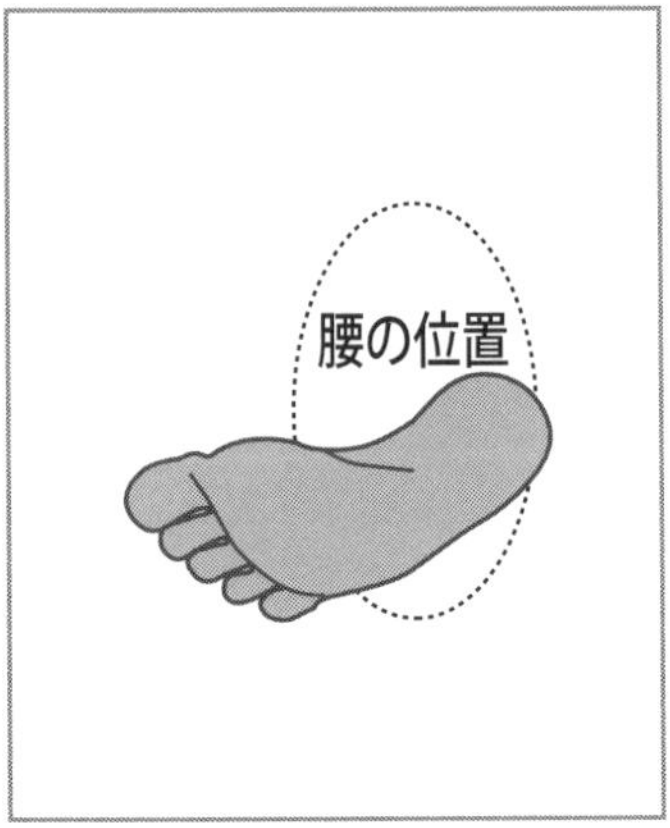

左片足立ち

◆二十六挙動❸

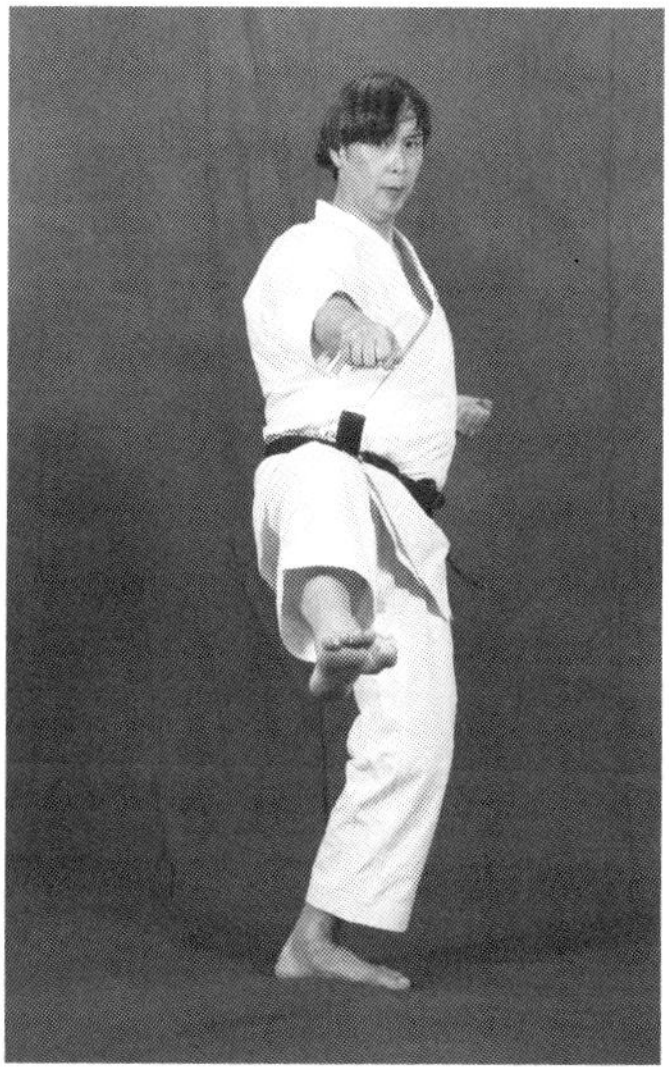

右中段払い受け、右中段横前蹴り

二十五挙動3の逆方向の操作。

払いと蹴りは同時に行う。その際、腰はほとんど回転せず操作する。顔は前方を向いて前蹴りを側方に行う。平安四段の九挙動に同じ。

蹴った後は、即座に引き足をとる。引き足は、突き始めの瞬間まで抱え込む。

右中段払い受けは、背面の伸張を操作して払い受ける。

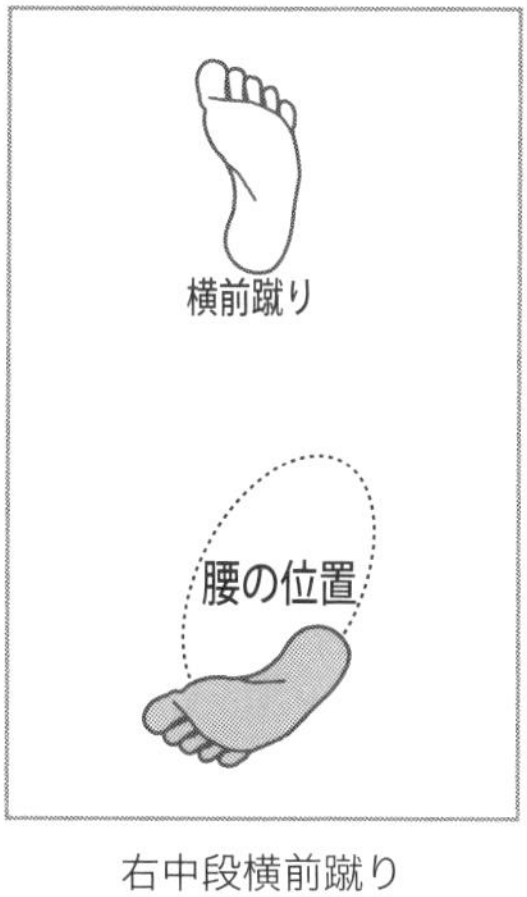

右中段横前蹴り

◆二十六挙動❹

二十六挙動３で取った抱え込み足を、縦セイシャン立ちの位置に下ろすと同時に逆突きを行う。後方に回転し、左足を右ふくらはぎ上部に引き付けて、二十五挙動１の構えを後方に取る。

右縦セイシャン立ち、左中段逆突き

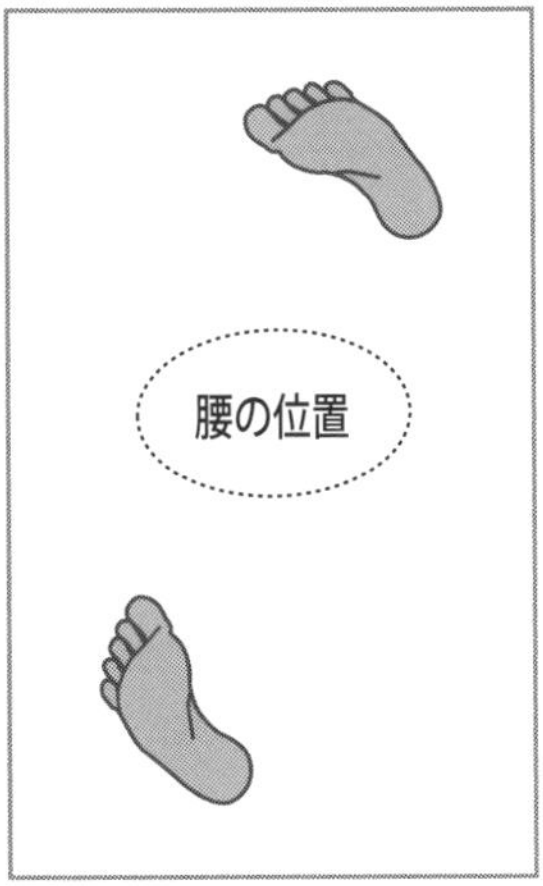

右縦セイシャン立ち

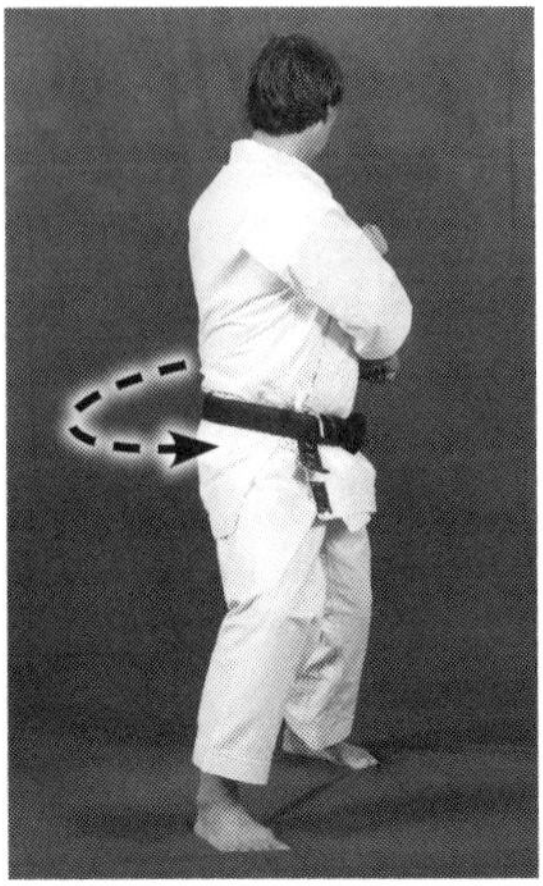

二十六～二十七挙動中間姿勢

◆二十七挙動❶

二十七挙動1〜4までは、一挙動で俊敏に行う。

その場にて、後方からの攻撃を意識して後方に素早く向き、右上段外腕左下段構え、右片足立ち。

左足は、下段への攻撃を敏速にかわすことを仮想して行う。

右上段外腕左下段構え、右片足立ち

左足甲の部分を、右足ふくらはぎ上部に軽く添える。

二十六挙動1〜二十七挙動1の中間姿勢は、姿勢1の逆で構える。

姿勢1の逆

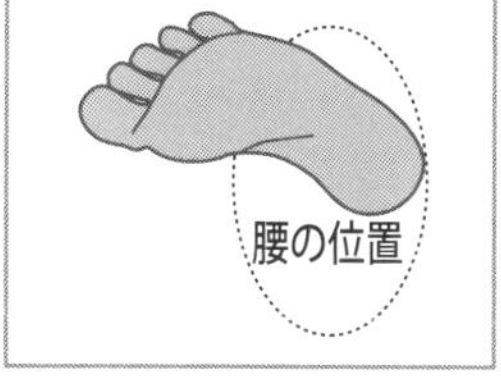

右片足立ち

◆二十七挙動❷

二十五挙動2を後方に行う。

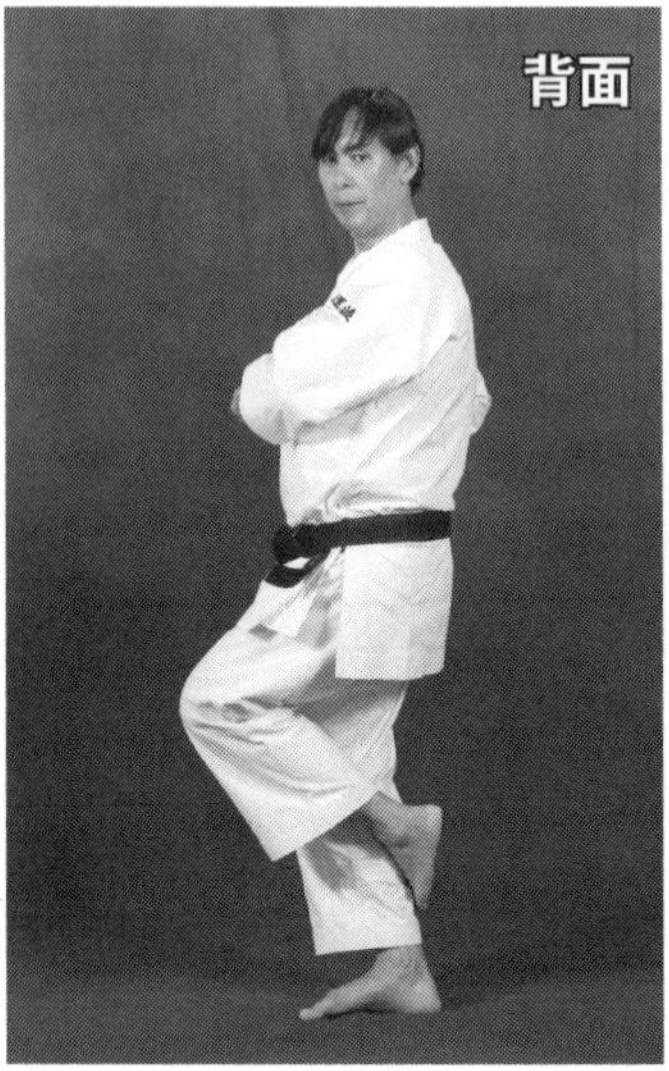

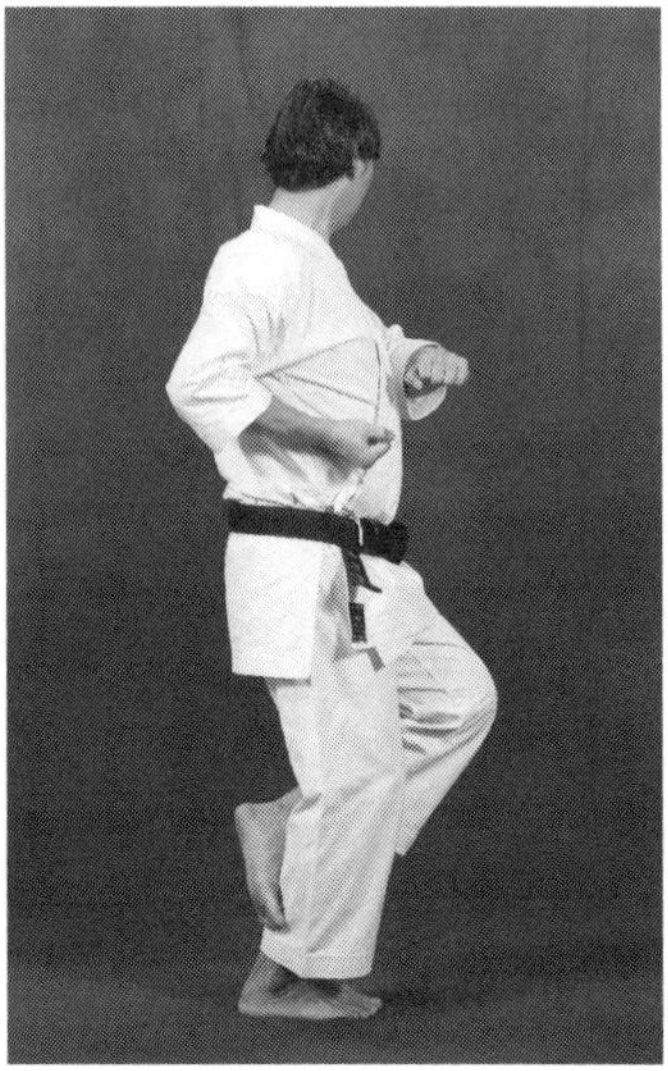

左腕胸前構え、片足立ち

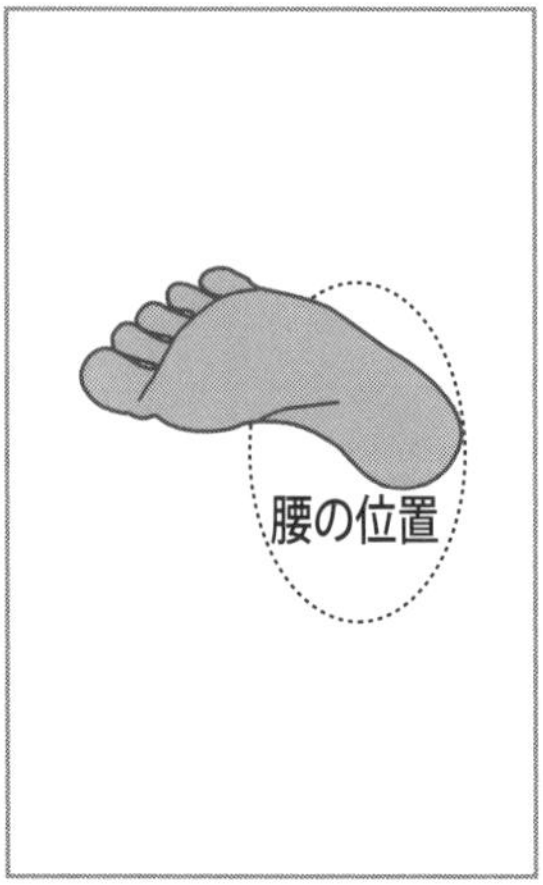

右片足立ち

◆二十七挙動❸

左中段払い受け、左中段横前蹴り

二十五挙動3を後方に行う。

払いと蹴りは同時に行う。蹴りの際、腰はほとんど回転せず操作する。

顔は前方を向いて左前蹴りを横方向に行う。

動作は平安四段の六挙動に同じ。

蹴った後は、即座に引き足をとる。引き足は、突き始めの瞬間まで抱え込む。

左中段払い受けは、背面の伸張を操作して払い受ける。

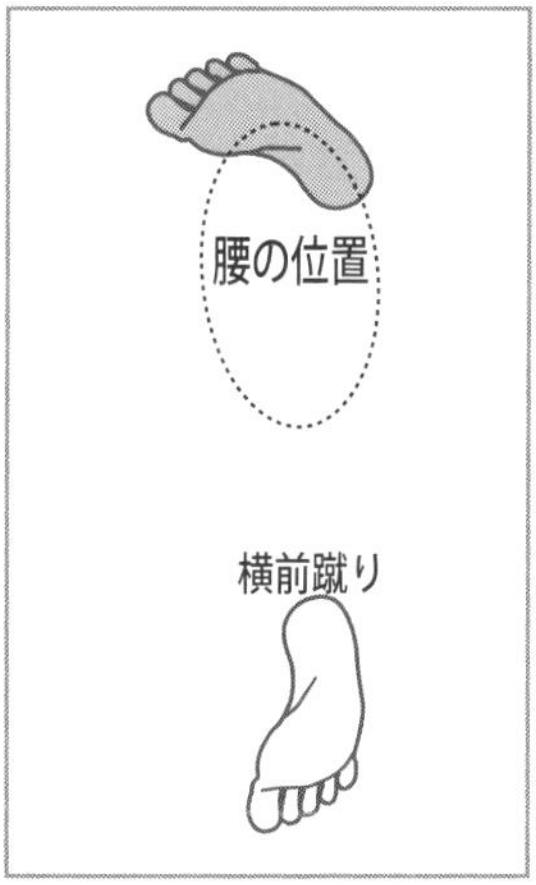

左中段横前蹴り

◆二十七挙動❹

二十六挙動4の逆構えを後方に行う。

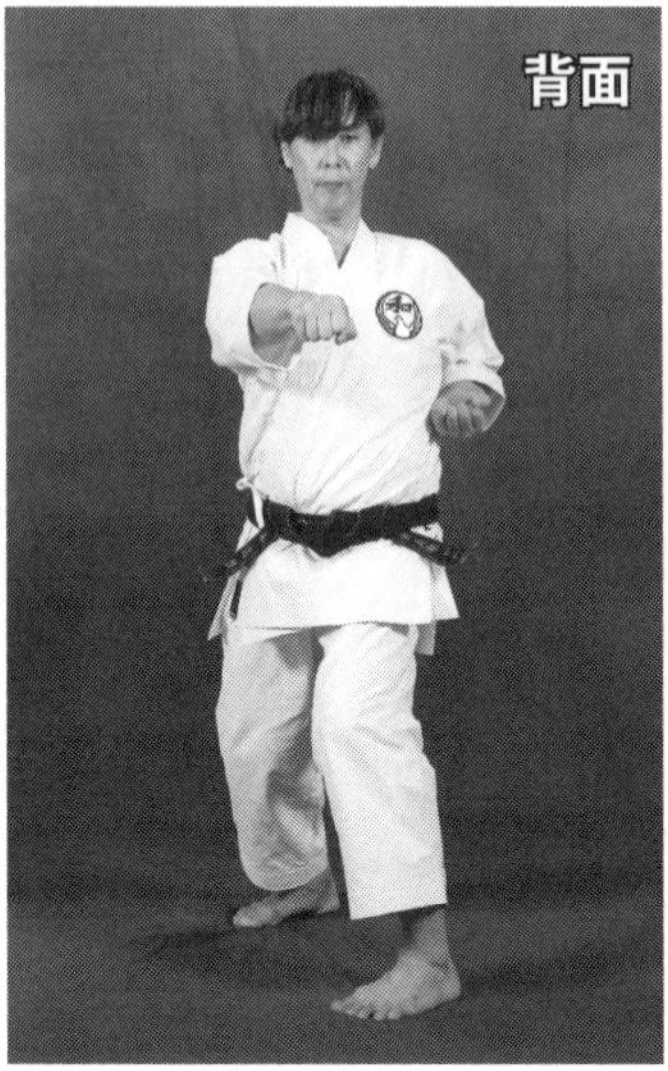

左縦セイシャン立ち、右中段逆突き

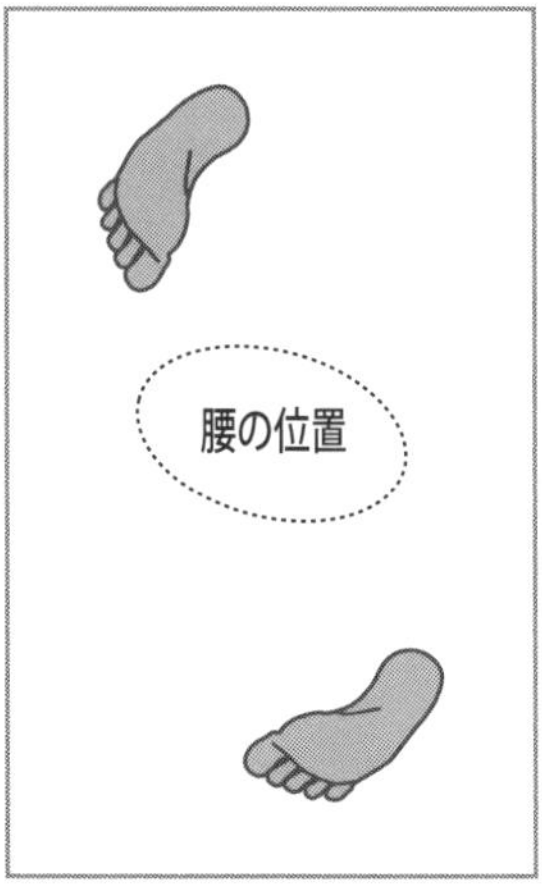

左縦セイシャン立ち

初代宗家の右中段逆突き

◆二十八挙動

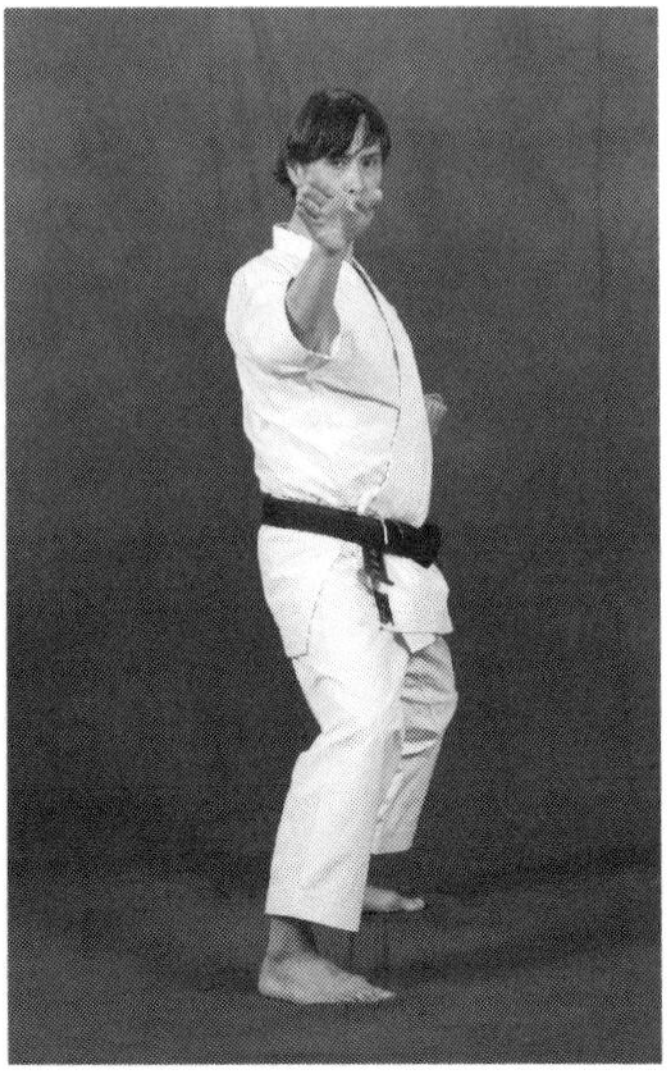

中段右掛け受け、四股立ち

前挙動より、その場にて右腰を捻転し四股立ちとなり、同時に右掛け受けを行う。

掛け受けは、手首を外屈し払い受け、尺骨側で相手手首に掛けるようにする。

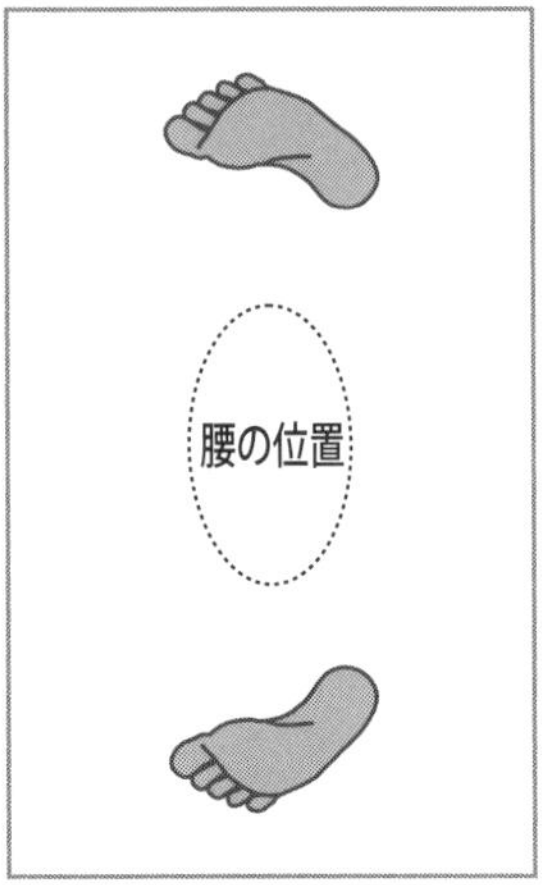

四股立ち

Point! 右掛け受けについて

掛け受けの手の形

腰の転体が先に生じ、その捻りを利用して掛け受けを行う。

その際、肘は外側に開かず、脇を常に締めた状態で体正面に折りたたみ、そこから背中の伸張を利用して投げ出すように、相手手首に掛け受けする。

◆二十九挙動

その場にて右腰を右方向に捻転し、その動きに伴い右足も移動して右縦セイシャン立ち。

エンピ（肘打ち）は、下方より突き上げ、水月の高さを打つよう操作する。その際、肘だけが前方に出ないよう、前腕部は垂直に立てるように構える。

両肩甲骨が前方に均等に伸張した距離でエンピを行う。

右手も手で操作せず、肩甲骨を後方に押し出す反作用を利用し、引き込んだ力が十分に生かせるように操作する。

左中段縦エンピ右添手、右セイシャン立ち

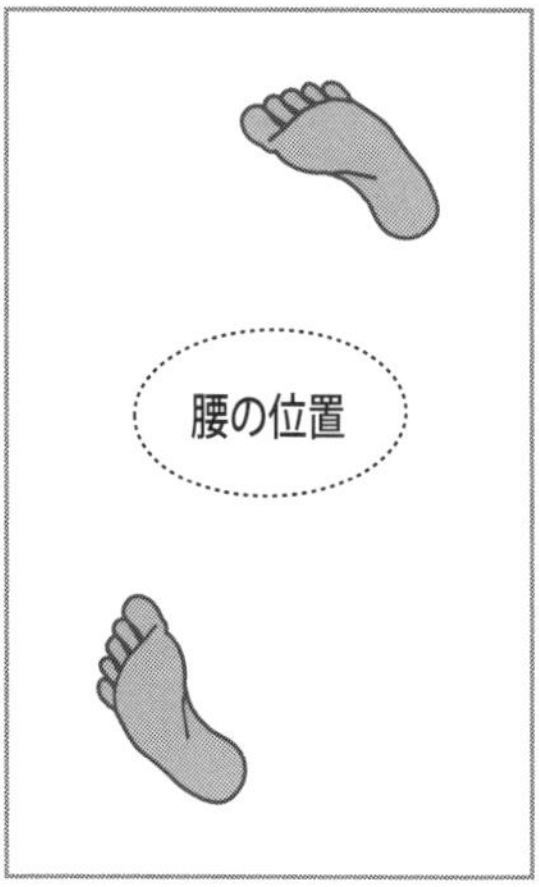

右縦セイシャン立ち

◆三十挙動

その場で縦セイシャン立ちのまま、エンピを加えた相手を引き込み崩す心持ちで操作する。

左前腕部が前方に円運動を描くように、相手側に一度重心を移し、相手の軸を崩した後に手前に崩すように腰の高さに引き込む。右手は左に呼応するように操作する。

腰自体を回転しようとせず、引き込んだ際に胸部が捻られた力に伴って最終的に腰が自然に転体するように操作する。したがって、右腰の前方への締まりは緩まず開かない。

引き込み崩し、右縦セイシャン構え

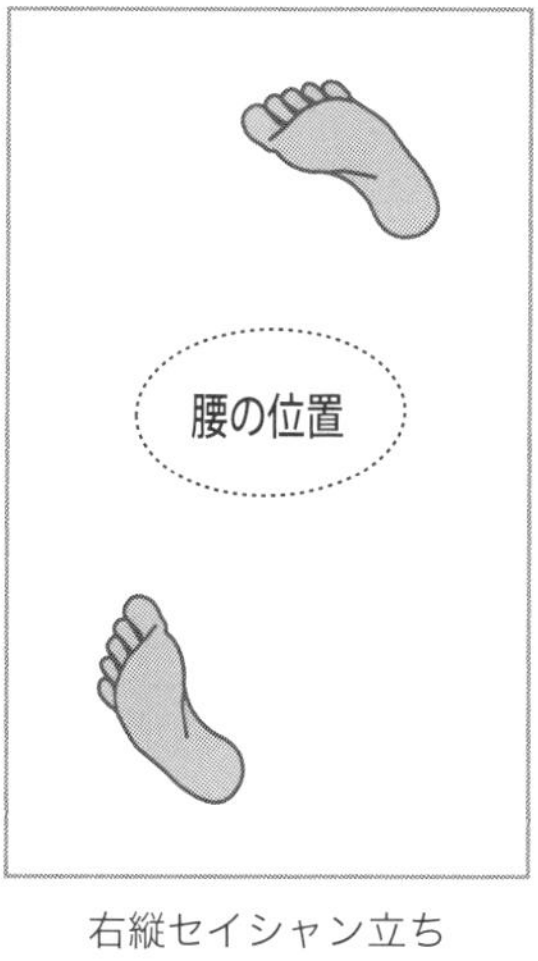

右縦セイシャン立ち

◆三十一挙動❶

三十一挙動1〜4までは、一挙動で行う。

その場にて体軸を右足の上に転位し、同時に下方よりすくうように裏拳を相手鼻下の位置に打つ。

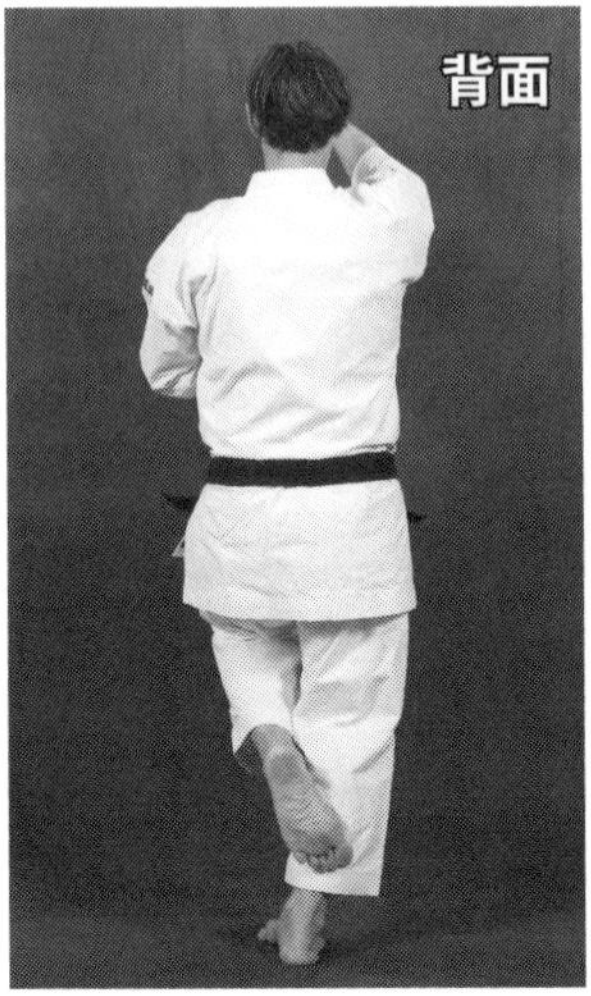

右すくい上げ、裏拳左胸前構え、右足片足立ち

その後の転体は、裏拳を打った後の拳の軌跡が惰性の力となり、頭上自己中心線に沿い後方まで移動し、引き手を取る力を回転力として利用し構える。

回転は、最後に軸脚側の腰を上下に圧縮して締め、止める（回転図参照）。

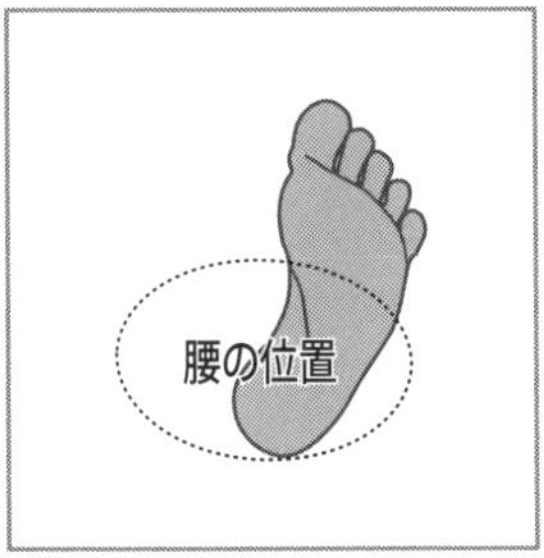

右片足立ち

Point! 回転について（回転図）

左足は、後方の相手の攻撃を素早く足を引き付け回避し、蹴る動作を今度は前方の相手に見せかけて、続けて回転し後方の相手に向いて構える。

◆三十一挙動❷

引き手を引く力を利用して、回転数を調整して転体し、引き手の終了と共に腰の締めで回転を終了する。最終的に、少し左半身になるくらいに構える。

足の三足は、転体にしたがって回る。

左腕胸前構え、右片足立ち

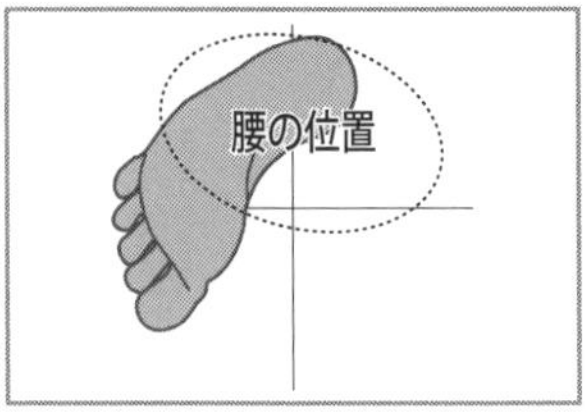

右片足立ち

Point! 足の三足について

①を軸に踵を回転。
②を軸に母指側を回転。
③を軸に踵を回転。
④を軸に小指側を調整。

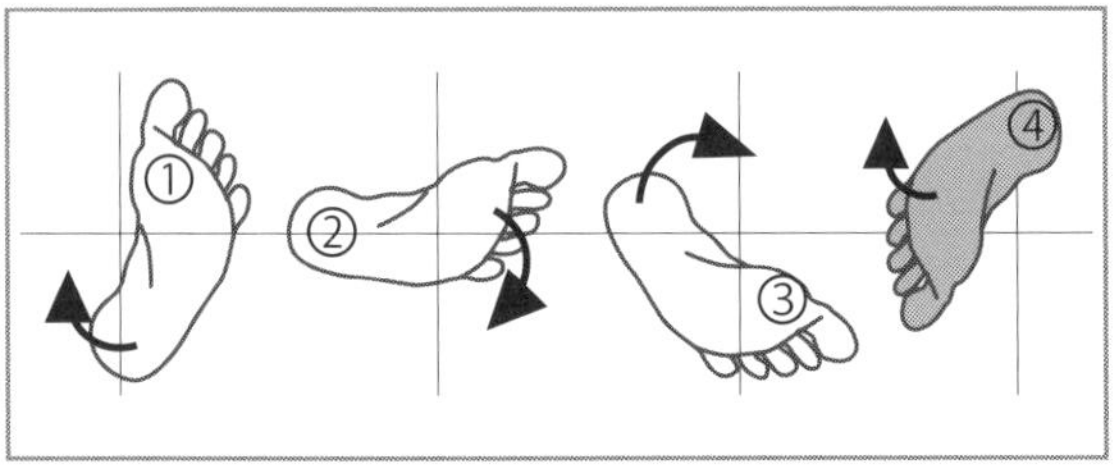

◆三十一挙動❸

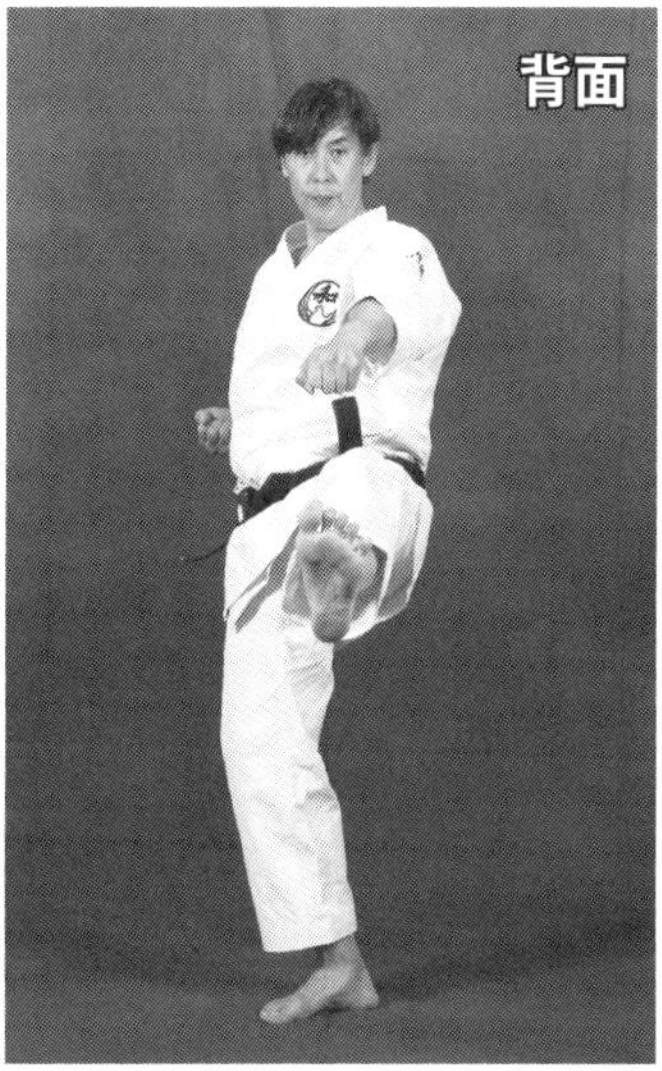

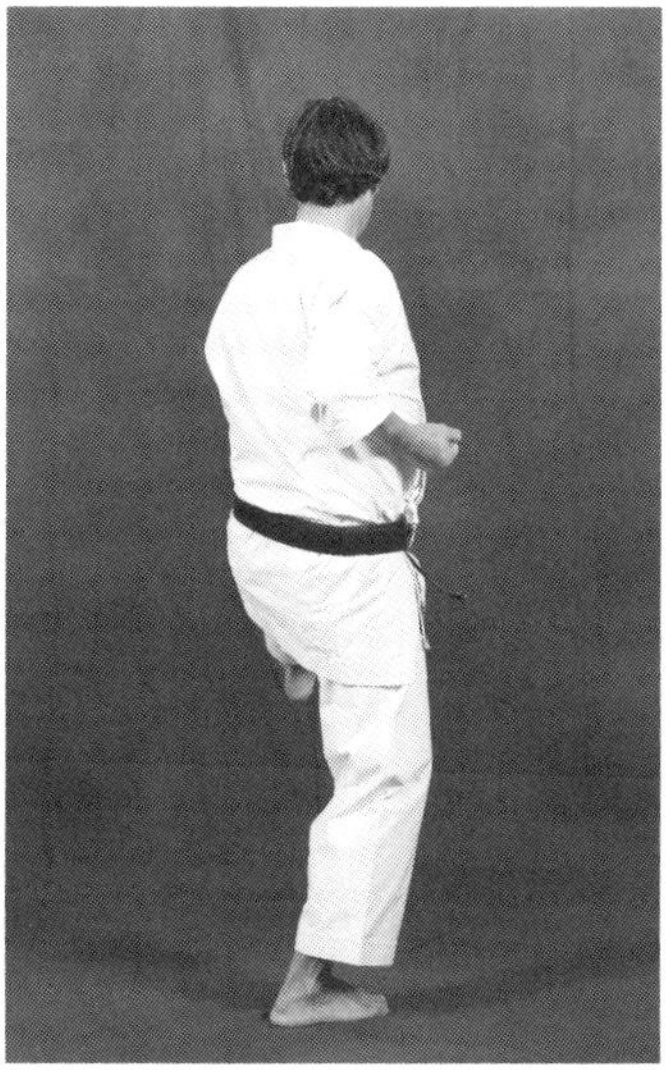

左中段払い受け左中段前蹴り

腰を開いた状態で、左足で横方向に前蹴り。左中段払い受けは蹴りと同時に、腕だけで行わず背面からの伸張を操作して受ける。

抱え込みは、三十一挙動4が決まる直前まで抱えて、移動時、近位に落として、続く順突きの歩幅が短くならないように注意。

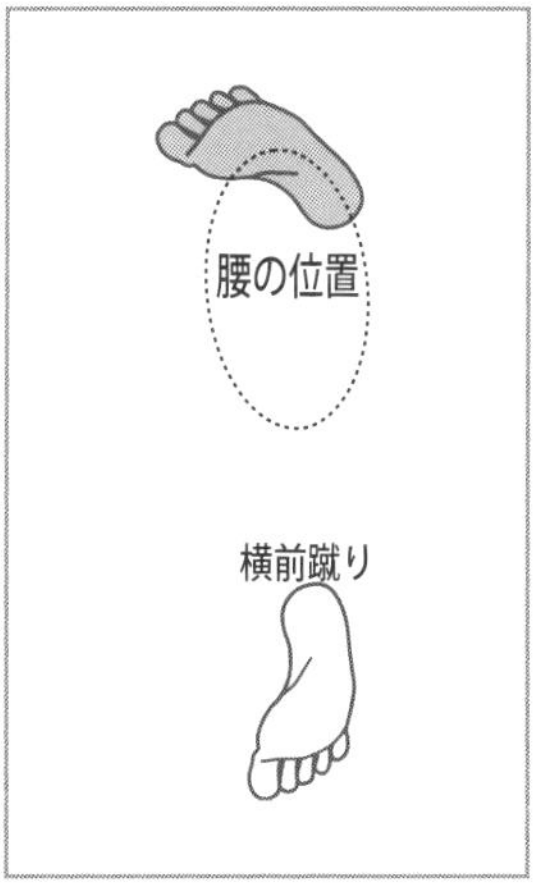

左横前蹴り

◆三十一挙動❹

右歩み足順突き

左中段横前蹴りの後、取った引き足を歩み足順突きで深く歩めるように、転位中のギリギリまで抱え込む。

抱え込みを近位に落として、歩幅が短くならないように注意。

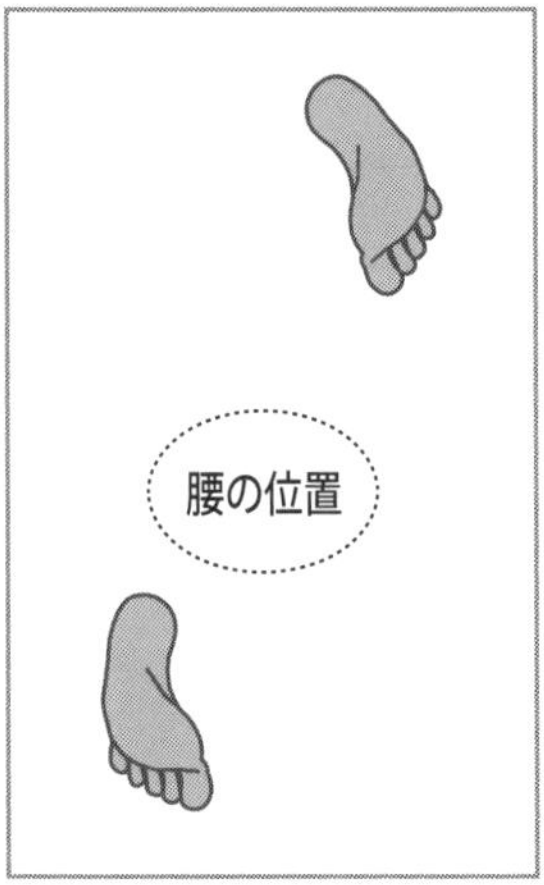

右順突き立ち

Point! 止めの姿勢について

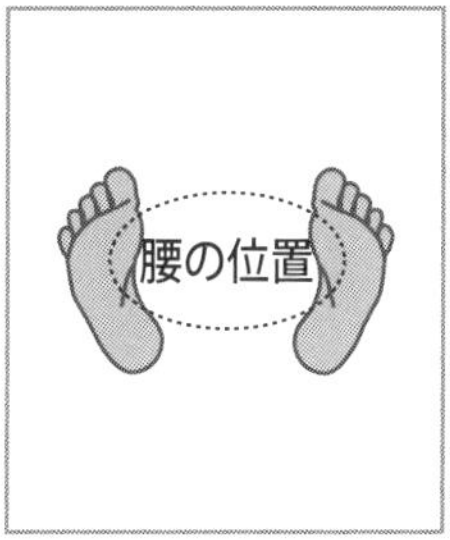

自然体

「止めの姿勢」に移行の際は、重心が右足寄りにならないように常に中心軸と重心は垂直に立ち、左右に開いた足の中心に位置して、止めの姿勢まで移動する。

Point! 直れの姿勢について

前挙動から、左足を歩幅の半分中心に戻し、続いて右足半分を中心に合わせて結び立ちとなる。

足を中心に戻す際、軸が左右にぶれないように注意。

結び立ち

おわりに

令和6年（2024年）、和道流は創流から90年を迎える。

今、和道流で稽古されている技、基本の突き蹴り、基本移動、基本組手など、そのほとんどが創流時と同じ技を修得目的として稽古を続けている。

しかも、伝統として流派を続ける限りは、それらの技の種類は増えることもなく、同じ技が世代を超えて伝達され続ける。

もし三代を継承した私が新たな技を加えてしまうと、それは私の技であるため、初代宗家が目指した武術とは違うものになってしまうだろう。

しかし、技の型ではなく、それらの技を正しく動作するための体本体の使い方や稽古方法、伝達方法は、世代を重ねて数段にも進歩している。

トヨタ自動車の生産方式として世界的に有名になった「改善（Kaizen）」という日本語がある。限られたシステムの中で、どこに無駄があり、どのように改良すれば合理的に、より効率が上がるかを考え、実行することだ。和道

流の初代も、「無駄な技」「無駄な動作」「無駄な力」を使うことを戒めている。
ただし、これらの言葉は抽象的であり、本来の意味を理解するためには、そのシステムに熟達している必要があろう。そうでなければ、どこを改善す

れば良いのか思い描くことができないからである。

伝統武術の世界では、技を後世に伝える方法として、口伝と体得が重視されてきた。しかし、現代は良書や動画を通じて、「読解伝」や「鑑賞伝」もできる時代である。それでも「無駄」を完全に排除することは難しいだろう。

ここに90年間も同じことを繰り返す意味があり、変わらぬ形を稽古する重要性が存在するのであろう。

読者の皆様にとって、この本を読んだことが決して「無駄」にならず、何か得るものがあればと心より願っている。

和道流空手道三代宗家　大塚博紀

著者◎大塚 博紀　おおつか ひろのり

1965年、空手道四大流派の一つ、和道流空手道の創始者・大塚博紀（初代）の孫として生まれる。幼年より居合、高校時代にレスリング、柔道も学び、大学時代より本格的に空手を始める。アメリカ留学などを経て、フランスに移住。ヨーロッパを拠点に、10年にわたり各国で指導を行う。2015年、和道流空手道・三代宗家を継承。日本古武道振興会、日本古武道協会所属。指導・監修DVDに『和道流空手道・裏の組手』（BABジャパン）がある。

和道流空手道連盟
https://www.wado-ryu.jp/

写真実演●大塚博紀　冨髙勝久
写真撮影●中島ミノル
イラスト原案●大塚博紀
イラスト●月山きらら
本文デザイン●澤川美代子
装丁デザイン●やなかひでゆき

武術を究める！ 和道流空手道

柔術・剣術の理で磨かれた独創的な空手

2024年5月1日　初版第1刷発行

著　者　　大塚博紀
発行者　　東口敏郎
発行所　　株式会社 BAB ジャパン
〒151-0073 東京都渋谷区笹塚 1-30-11　4・5F
TEL　03-3469-0135　FAX　03-3469-0162
URL http://www.bab.co.jp/
E-mail　shop@bab.co.jp
郵便振替 00140-7-116767
印刷・製本　　中央精版印刷株式会社

ISBN978-4-8142-0613-1 C2075

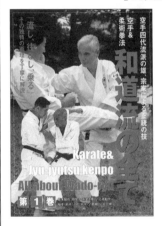

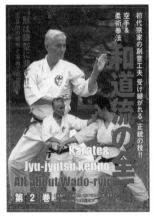